BETHLEHEM: PANDANGAN MODEN PADA MASAKAN PALESTIN

100 Perisa Kontemporari dari Hati Palestin

JANE XU

Bahan Hak Cipta ©2024

Hak cipta terpelihara

Tiada bahagian buku ini boleh digunakan atau dihantar dalam apa jua bentuk atau dengan apa cara sekalipun tanpa kebenaran bertulis yang sewajarnya daripada penerbit dan pemilik hak cipta, kecuali petikan ringkas yang digunakan dalam semakan. Buku ini tidak boleh dianggap sebagai pengganti nasihat perubatan, undang-undang atau profesional lain.

ISI KANDUNGAN

ISI KANDUNGAN 3
PENGENALAN 6
SARAPAN 7
    1. Musakhan Rolls 8
    2. Foul Medames (Kacang Fava) 10
    3. Za'atar Manakeesh 12
    4. Shakshuka Palestin 14
    5. Bagel Baitul Maqdis (Ka'ak Alquds) 16
    6. Yogurt dan Smoothie Kurma 18
    7. Sardin dan Ubi Kentang 20
    8. Ful Medames 22
    9. Roti Leper Maldouf 24
    10. Shakshuka 26
    11. Manoushe (Roti Pipi Syria dengan Za'atar) 28
    12. Roti Ka'ak 30
    13. Fatteh (Syrian Breakfast Casserole) 32
    14. Roti Leper Syria 34
    15. Roti Bakar Labneh dan Za'atar 36
KUDAPAN DAN PEMASARAN 38
    16. Kerepek Khubz (Roti Pipi) 39
    17. Kurma dengan Badam 41
    18. Falafel 43
    19. Bayam Fatayer 45
    20. Bawang sumbat 47
    21. Latkes 50
    22. Pinggan Kurma Aneka 52
    23. Kesalahan 54
    24. Samosa 56
    25. Muhammara (Syrian Hot Pepper Dip) 59
    26. Baba Ghanoush 62
KURSUS UTAMA 64
    27. Jedra (Lentil dan Beras) 65
    28. Ayam Sumbat (Djaj Mahshi) 67
    29. Ayam Bakar (Djaj Harari) 70
    30. Mallow (Khuzaibah) 72
    31. Zucchini Sumbat (Mahshi Kpusa) 74
    32. Kubis Sumbat (Mahshi Malfouf) 77
    33. Qalayet Banadora (Rebus Tomato) 80
    34. Acar Hijau Zaitun 82
    35. Moussaka 84
    36. Sup Lentil dan Labu 86

37. Ikan Gazan Berempah 88
38. Mangkuk Udang 90
39. Pai Bayam 92
40. Musakhan 94
41. Thyme Mutabbaq 96
42. Malfouf 98
43. Al Qidra Al Khaliliya 100
44. Rissole: Daging Kisar 102
45. Mejadra 104
46. Na'ama's gemuk 107
47. Salad bayam bayi dengan kurma & badam 109
48. Labu butternut panggang dengan za'atar 111
49. Salad Kacang Campur 113
50. Akar selada sayuran dengan labneh 116
51. Tomato goreng dengan bawang putih 118
52. Kembang kol goreng tahini 120
53. Tabbouleh 123
54. Sabih 126

SUP 129

55. Bissara (Sup Kacang Fava) 130
56. Shorbat Adas (Sup Lentil) 132
57. Shorbat Freekeh (Sup Freekeh) 134
58. Shorbat Khodar (Sup Sayur) 136
59. Bit Kubbeh (Kubbeh Sup) 138
60. Shorbat Khodar (Sup Sayur) 142
61. Syurbah Sayur 144
62. Sup selada air dan kacang ayam dengan air mawar 146
63. Yogurt panas dan sup barli 149
64. Sup Pistachio 151
65. Terung Bakar dan Sup Mograbieh 154
66. Tomato dan sup masam 157

SALAD 159

67. Salad Tomato dan Timun 160
68. Salad Chickpea (Salatat Hummus) 162
69. Tabbouleh Salad 164
70. Salad Berlemak 166
71. Salad Kembang Kol, Kacang dan Beras 168
72. Salad Kurma dan Walnut 170
73. Salad Lobak Merah dan Oren 172

PENJERAHAN 174

74. Knafeh 175
75. Atayef 177
76. Basbousa (Revani) 179

77. Tamriyeh (Kuki Isi Kurma) 181
78. Qatayef 183
79. Harisseh 185
80. Sesame Almond Squares 187
81. Awameh 189
82. Rose Cookies (Qurabiya) 191
83. Tart Pisang dan Kurma 193
84. Aiskrim Safron 195
85. Krim Karamel (Muhallabia) 197
86. Mamoul dengan Kurma 199
87. Namora Syria 202
88. Brownies Kurma Syria 204
89. Baklava 207
90. Halawet el Jibn (Syrian Sweet Cheese Rolls) 209
91. Basbousa (Kek Semolina) 211
92. Znoud El Sit (Pastri Isi Krim Syria) 213
93. Mafroukeh (Pencuci mulut Semolina dan Almond) 215
94. Lada Merah dan Telur Bakar Galettes 217
95. Pai Herba 220
96. Burekas 223
97. Ghraybeh 226
98. Mutabbaq 228
99. Sherbat 231
100. Puding Qamar al-Din 233

PENUTUP **235**

PENGENALAN

Ahlan wa sahlan ! Selamat datang ke "Bethlehem: pandangan moden pada masakan palestin" perjalanan kulinari yang menjemput anda untuk menerokai jantung Palestin melalui 100 perisa kontemporari. Buku masakan ini adalah perayaan warisan masakan yang kaya, ramuan bertenaga dan teknik inovatif yang mentakrifkan masakan Palestin. Sertai kami semasa kami memulakan penerokaan moden rasa tradisional yang telah diwarisi turun-temurun.

Bayangkan meja yang dihiasi dengan rebusan aromatik, salad bertenaga dan pastri manis—semuanya diilhamkan oleh landskap yang pelbagai dan pengaruh budaya Bethlehem dan seterusnya. "Bethlehem" bukan sekadar koleksi resipi; ia adalah penghormatan kepada ramuan, teknik dan cerita yang menjadikan masakan Palestin mencerminkan sejarah, daya tahan dan kegembiraan hidangan bersama. Sama ada anda mempunyai akar Palestin atau sekadar menghargai citarasa Timur Tengah yang berani dan bernuansa, resipi ini direka untuk membimbing anda melalui selok-belok masakan Palestin.

Daripada hidangan klasik seperti maqluba kepada kelainan kontemporari pada mezze dan pencuci mulut inventif, setiap resipi adalah perayaan kesegaran, rempah ratus dan layanan yang mentakrifkan masakan Palestin. Sama ada anda menganjurkan perhimpunan perayaan atau menikmati hidangan keluarga yang selesa, buku masakan ini adalah sumber utama anda untuk membawa citarasa asli Palestin ke meja anda.

Sertai kami semasa kami merentasi landskap kulinari Bethlehem, di mana setiap ciptaan adalah bukti rasa bersemangat dan pelbagai yang menjadikan masakan Palestin sebagai tradisi masakan yang dihargai. Jadi, pakai apron anda, rangkul semangat keramahan Palestin, dan mari kita memulakan perjalanan yang lazat melalui "Bethlehem: pandangan moden pada masakan palestin".

SARAPAN PAGI

1.Musakhan Rolls

BAHAN-BAHAN:
- 2 cawan ayam masak yang dicincang
- 1 biji bawang besar, hiris nipis
- 1/4 cawan sumac
- Minyak zaitun
- Garam dan lada sulah secukup rasa
- Roti rata atau tortilla

ARAHAN:
a) Tumis bawang besar yang dihiris dalam minyak zaitun sehingga karamel.
b) Masukkan ayam cincang, sumac, garam, dan lada sulah. Masak sehingga dipanaskan.
c) Panaskan roti pipih, kemudian sudukan adunan ayam ke atas setiap satu dan gulung menjadi bentuk silinder.

2. Foul Medames (Kacang Fava)

BAHAN-BAHAN:
- 2 tin kacang fava, toskan
- 2 ulas bawang putih, dikisar
- 1/4 cawan minyak zaitun
- Jus 1 lemon
- Garam dan jintan manis secukup rasa
- Pasli cincang untuk hiasan

ARAHAN:
a) Dalam kuali, tumis bawang putih dalam minyak zaitun sehingga naik bau.
b) Masukkan kacang fava, jus lemon, garam, dan jintan manis. Masak sehingga panas.
c) Tumbuk beberapa biji kacang dengan garfu. Hidangkan dihiasi dengan pasli cincang.

3.Za'atar Manakeesh

BAHAN-BAHAN:
- Doh pizza atau roti rata
- 1/4 cawan campuran rempah za'atar
- 1/4 cawan minyak zaitun
- Biji bijan (pilihan)

ARAHAN:
a) Panaskan ketuhar. Canai doh menjadi bulatan rata.
b) Campurkan za'atar dengan minyak zaitun untuk membuat pes.
c) Sapukan pes za'atar secara merata ke atas doh, meninggalkan sempadan.
d) Jika suka, taburkan bijan di atasnya.
e) Bakar sehingga bahagian tepi keemasan. Hiris dan hidangkan.

4.Shakshuka Palestin

BAHAN-BAHAN:
- 2 sudu besar minyak zaitun
- 1 biji bawang, dicincang halus
- 3 biji lada benggala, potong dadu
- 4 ulas bawang putih, dikisar
- 1 sudu teh jintan kisar
- 1 sudu kecil paprika
- 1/2 sudu kecil lada cayenne (sesuaikan dengan rasa)
- 1 tin (28 oz) tomato dihancurkan
- Garam dan lada sulah secukup rasa
- 6-8 biji telur besar
- Pasli segar untuk hiasan

ARAHAN:
a) Panaskan minyak zaitun dalam kuali besar. Masukkan bawang cincang dan tumis hingga lut sinar.
b) Masukkan lada benggala yang dipotong dadu dan bawang putih yang dikisar. Masak sehingga lada empuk.
c) Kacau dalam jintan, paprika, dan lada cayenne.
d) Tuangkan tomato hancur dan perasakan dengan garam dan lada sulah. Reneh hingga sos pekat.
e) Buat perigi kecil dalam sos dan pecahkan telur ke dalamnya.
f) Tutup kuali dan masak sehingga telur rebus mengikut citarasa anda.
g) Hiaskan dengan pasli segar dan hidangkan dengan roti berkerak.

5. Bagel Jerusalem (Ka'Ak Alquds)

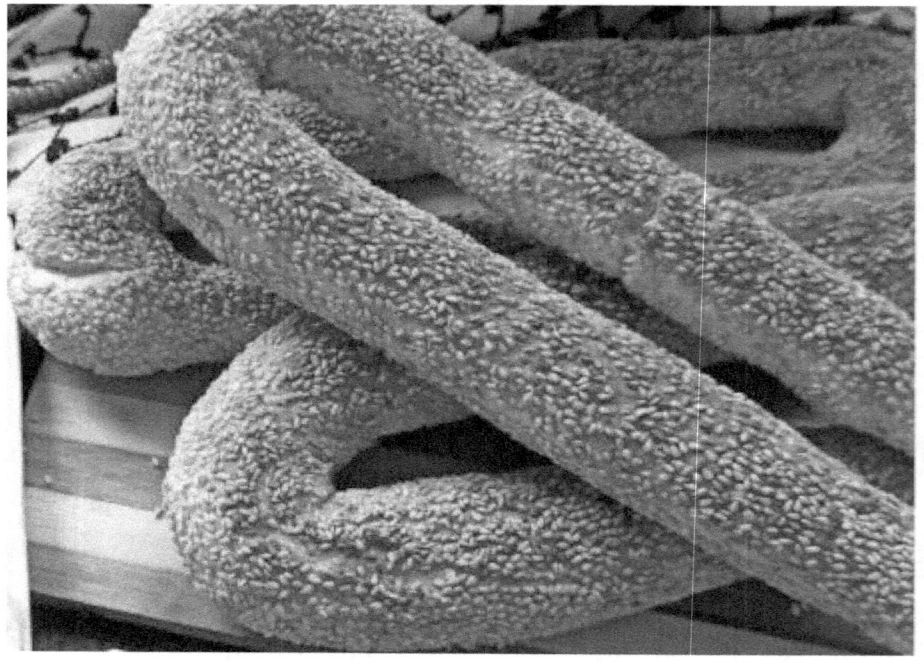

BAHAN-BAHAN:
- 4 cawan tepung serba guna
- 1 sudu besar gula
- 1 sudu besar yis kering aktif
- 1 1/2 cawan air suam
- 1 sudu teh garam
- Biji bijan untuk topping

ARAHAN:
a) Dalam mangkuk, satukan air suam, gula dan yis. Biarkan selama 5-10 minit sehingga berbuih.
b) Dalam mangkuk adunan besar, satukan tepung dan garam. Masukkan bancuhan yis dan uli hingga menjadi doh yang licin.
c) Tutup doh dan biarkan mengembang 1-2 jam sehingga mengembang dua kali ganda.
d) Panaskan ketuhar hingga 400°F (200°C).
e) Bahagikan doh kepada bahagian kecil dan bentukkan menjadi cincin.
f) Letakkan cincin di atas loyang, sapu dengan air, dan taburkan bijan di atasnya.
g) Bakar selama 15-20 minit atau sehingga perang keemasan.

6.Yogurt dan Smoothie Kurma

BAHAN-BAHAN:
- 1 cawan biji kurma
- 1 cawan yogurt
- 1/2 cawan susu
- 1 sudu besar madu
- kiub ais

ARAHAN:
a) Dalam pengisar, satukan kurma, yogurt, susu dan madu.
b) Kisar hingga sebati.
c) Masukkan kiub ais dan gaul lagi sehingga smoothie mencapai konsistensi yang anda inginkan.
d) Tuangkan ke dalam gelas dan hidangkan sejuk.

7.Sardin dan Ubi Kentang

BAHAN-BAHAN:
- 2 tin sardin dalam minyak, toskan
- 3 kentang sederhana, dikupas dan dipotong dadu
- 1 biji bawang, dicincang halus
- 2 biji tomato, potong dadu
- 2 ulas bawang putih, dikisar
- 1 sudu teh jintan kisar
- 1 sudu teh ketumbar kisar
- Garam dan lada sulah, secukup rasa
- Minyak zaitun untuk memasak
- Ketumbar segar untuk hiasan

ARAHAN:
a) Dalam kuali, panaskan minyak zaitun dan tumis bawang merah dan bawang putih yang telah dicincang hingga layu.
b) Masukkan kentang yang dipotong dadu dan masak sehingga mula keperangan.
c) Kacau dalam jintan kisar, ketumbar, garam dan lada sulah.
d) Masukkan tomato potong dadu dan masak hingga hancur.
e) Masukkan ikan sardin perlahan-lahan, berhati-hati agar tidak pecah terlalu banyak.
f) Masak hingga kentang empuk dan rasa sebati.
g) Hiaskan dengan daun ketumbar segar sebelum dihidangkan.

8. Ful Medames

BAHAN-BAHAN:
- 2 cawan kacang fava masak
- 1/4 cawan minyak zaitun
- 1 biji bawang, dicincang halus
- 2 ulas bawang putih, dikisar
- 1 biji tomato, potong dadu
- 1 sudu teh jintan kisar
- 1 sudu teh ketumbar kisar
- Garam dan lada sulah, secukup rasa
- Pasli segar untuk hiasan
- Telur rebus untuk hidangan (pilihan)
- Roti rata atau pita untuk dihidangkan

ARAHAN:
a) Dalam kuali, panaskan minyak zaitun dan tumis bawang merah dan bawang putih yang telah dicincang hingga layu.
b) Masukkan tomato potong dadu dan masak hingga hancur.
c) Kacau dalam jintan kisar, ketumbar, garam dan lada sulah.
d) Masukkan kacang fava yang telah dimasak dan masak sehingga panas.
e) Tumbuk beberapa kacang untuk menghasilkan tekstur berkrim.
f) Hiaskan dengan pasli segar.
g) Hidangkan dengan telur rebus di sebelah jika dikehendaki, dan disertakan dengan roti rata atau pita.

9. Roti Leper Maldouf

BAHAN-BAHAN:
- 2 Cawan Tepung Gandum Penuh
- Garam secukup rasa
- 1/4 Cup Ghee (Clarified Butter) Untuk Menggoreng Cetek
- Air Untuk menguli doh
- 8-14 1/2 Cawan Kurma Lembut
- 1 Cawan Air Mendidih

ARAHAN:
a) Rendam Kurma yang telah diadu dalam 1 cawan air mendidih selama 2-3 jam atau sehingga lembut.
b) Haluskan kurma yang telah dilembutkan menggunakan penapis atau jaringan halus. Anda mungkin memerlukan pengisar untuk mengadun, jika ia tidak begitu lembut untuk anda.
c) Campurkan kurma puri bersama garam, 1 sudu besar minyak sapi, dan tepung dan buat doh lembut.
d) Biarkan doh berehat sekurang-kurangnya 20 minit.
e) Bahagikan doh kepada bebola yang sama atau saiz lemon.
f) Canai setiap satu untuk membentuk roti leper/paratha/cakera bulat/atau bentuk yang anda suka sepanjang 5-6 inci.
g) Goreng cetek setiap satu menggunakan minyak sapi sehingga masak dari kedua-dua belah. Memandangkan doh ada kurma di dalamnya, ia akan dimasak dengan cepat.

10.Shakshuka

BAHAN-BAHAN:
- 2 sudu besar minyak zaitun
- 1 bawang, dicincang halus
- 2 biji lada benggala, potong dadu
- 3 ulas bawang putih, dikisar
- 1 tin (28 oz) tomato dihancurkan
- 1 sudu teh jintan kisar
- 1 sudu teh paprika kisar
- Garam dan lada sulah secukup rasa
- 4-6 biji telur
- Pasli segar untuk hiasan

ARAHAN:
a) Dalam kuali besar, panaskan minyak zaitun di atas api sederhana.
b) Tumis bawang besar dan lada benggala hingga layu.
c) Masukkan bawang putih cincang dan masak selama satu minit tambahan.
d) Tuangkan tomato yang telah dihancurkan dan perasakan dengan jintan manis, paprika, garam, dan lada sulah. Reneh lebih kurang 10-15 minit sehingga sos pekat.
e) Buat perigi kecil dalam sos dan pecahkan telur ke dalamnya.
f) Tutup kuali dan masak sehingga telur rebus mengikut citarasa anda.
g) Hiaskan dengan pasli segar dan hidangkan dengan roti.

11. Manoushe (Roti Pipi Syria dengan Za'atar)

BAHAN-BAHAN:
- Doh pizza atau adunan roti leper
- Campuran rempah Za'atar
- Minyak zaitun
- Pilihan: Labneh atau yogurt untuk mencelup

ARAHAN:
a) Canai pizza atau doh roti leper ke dalam bentuk bulat nipis.
b) Sapukan sejumlah besar minyak zaitun ke atas doh.
c) Taburkan campuran rempah Za'atar secara rata ke atas doh.
d) Bakar dalam ketuhar sehingga bahagian tepi keemasan dan garing.
e) Pilihan: Hidangkan dengan sisi labneh atau yogurt untuk mencelup.

12.Roti Ka'ak

BAHAN-BAHAN:
- 4 cawan tepung serba guna
- 1 sudu besar gula
- 1 sudu teh garam
- 1 sudu besar yis kering aktif
- 1 1/2 cawan air suam
- Biji bijan untuk topping

ARAHAN:
a) Dalam mangkuk besar, satukan tepung, gula dan garam.
b) Dalam mangkuk yang berasingan, larutkan yis dalam air suam dan biarkan selama 5 minit sehingga berbuih.
c) Masukkan bancuhan yis ke dalam adunan tepung dan uli sehingga menjadi doh yang licin.
d) Bahagikan doh kepada bebola kecil dan bentukkan setiap satu menjadi roti bulat atau bujur.
e) Letakkan roti berbentuk di atas loyang, sapu dengan air, dan taburkan bijan di atasnya.
f) Bakar dalam ketuhar yang telah dipanaskan pada 375°F (190°C) sehingga perang keemasan.

13.Fatteh (Kaserol Sarapan Syria)

BAHAN-BAHAN:
- 2 cawan kacang ayam masak
- 2 cawan yogurt biasa
- 2 ulas bawang putih, dikisar
- 1 cawan kepingan roti rata panggang (pita atau roti Lubnan)
- 1/4 cawan kacang pain, dibakar
- 2 sudu besar mentega cair (ghee)
- Jintan kisar, secukup rasa
- Garam dan lada sulah, secukup rasa

ARAHAN:

a) Dalam hidangan hidangan, lapiskan kepingan roti rata yang telah dibakar.

b) Dalam mangkuk, campurkan yogurt dengan bawang putih cincang, garam dan lada sulah. Sapukan di atas roti.

c) Teratas dengan kacang ayam masak.

d) Gerimis dengan mentega yang dijernihkan dan taburkan kacang pain panggang dan jintan manis di atasnya.

e) Hidangkan hangat sebagai kaserol sarapan yang enak dan berperisa.

14.Flatb Syria dibaca

BAHAN-BAHAN:
- 1 11/16 cawan air
- 2 sudu besar minyak sayuran
- ½ sudu teh gula putih
- 1 ½ sudu teh garam
- 3 cawan tepung serba guna
- 1 ½ sudu teh yis kering aktif

ARAHAN:
a) Letakkan bahan dalam kuali mesin roti mengikut susunan yang disyorkan oleh pengilang.
b) Pilih kitaran Dough pada mesin roti anda dan tekan Start.
c) Apabila kitaran Doh hampir selesai, panaskan ketuhar kepada 475 darjah F (245 darjah C).
d) Balikkan doh ke atas permukaan yang ditaburi sedikit tepung.
e) Bahagikan doh kepada lapan bahagian yang sama dan bentukkannya menjadi bulat.
f) Tutup bulatan dengan kain lembap dan biarkan ia berehat.
g) Gulungkan setiap doh bulat menjadi bulatan rata nipis, lebih kurang 8 inci diameter.
h) Masak dua pusingan pada satu masa pada lembaran pembakar yang telah dipanaskan terlebih dahulu atau batu pembakar sehingga ia mengembang dan bertukar menjadi perang keemasan, kira-kira 5 minit.
i) Ulangi proses untuk baki roti.
j) Hidangkan roti Syria hangat dan nikmati keserbagunaannya dengan makan tengah hari atau makan malam.

15. Roti Bakar Labneh dan Za'atar

BAHAN-BAHAN:
- Labneh (yogurt yang ditapis)
- Campuran rempah Za'atar
- Minyak zaitun
- Roti pita atau roti berkerak

ARAHAN:
a) Sapukan sejumlah besar labneh pada roti pita panggang atau roti berkerak kegemaran anda.
b) Taburkan dengan campuran rempah za'atar.
c) Siram dengan minyak zaitun.
d) Hidangkan sebagai sandwic muka terbuka atau dipotong menjadi kepingan yang lebih kecil.

KUDAPAN DAN PEMBUAT SELERA

16. Kerepek Khubz (Roti Pipi).

BAHAN-BAHAN:
- 4 keping roti (Khubz)
- 2 sudu besar minyak zaitun
- 1 sudu teh jintan kisar
- 1 sudu kecil paprika
- Garam secukup rasa

ARAHAN:
a) Panaskan ketuhar hingga 350°F (180°C).
b) Sapu roti rata dengan minyak zaitun dan taburkan dengan jintan manis, paprika dan garam.
c) Potong roti rata menjadi segi tiga atau jalur.
d) Bakar dalam ketuhar selama 10-12 minit atau sehingga garing.
e) Sejukkan sebelum dihidangkan.

17. Kurma dengan Badam

BAHAN-BAHAN:
- Kurma segar
- Badam, keseluruhan atau separuh

ARAHAN:
a) Lubangkan kurma dengan membuat hirisan kecil dan buang bijinya.
b) Masukkan badam keseluruhan atau separuh ke dalam rongga yang ditinggalkan oleh benih.

18. Falafel

BAHAN-BAHAN:
- 2 cawan kacang ayam yang direndam dan ditoskan
- 1 bawang kecil, dicincang
- 3 ulas bawang putih, dikisar
- 1/4 cawan pasli segar, dicincang
- 1 sudu teh jintan kisar
- 1 sudu teh ketumbar kisar
- Garam dan lada sulah, secukup rasa
- Minyak untuk menggoreng

ARAHAN:
a) Dalam pemproses makanan, campurkan kacang ayam, bawang merah, bawang putih, pasli, jintan, ketumbar, garam dan lada sehingga terbentuk adunan yang kasar.
b) Bentukkan adunan menjadi bebola kecil atau patties.
c) Panaskan minyak dalam kuali dan goreng sehingga perang keemasan di kedua-dua belah.
d) Toskan pada tuala kertas.
e) Hidangkan panas dengan sos tahini atau yogurt.

19. Bayam Fatayer

BAHAN-BAHAN:
- 2 cawan bayam cincang
- 1 bawang kecil, dicincang halus
- 1/4 cawan kacang pain
- 1 sudu besar minyak zaitun
- 1 sudu teh sumac tanah
- Garam dan lada sulah, secukup rasa
- Doh pizza atau kepingan pastri yang sudah siap

ARAHAN:
a) Tumis bawang dalam minyak zaitun sehingga lut sinar.
b) Masukkan bayam cincang dan masak hingga layu.
c) Kacau dalam kacang pain, sumac tanah, garam dan lada sulah.
d) Canai doh pizza atau kepingan pastri dan potong bulatan.
e) Letakkan satu sudu campuran bayam pada setiap bulatan, lipat dua, dan tutup tepi.
f) Bakar sehingga perang keemasan.
g) Hidangkan hangat.

20. Bawang sumbat

BAHAN-BAHAN:
- 4 bawang besar (jumlah 2 lb / 900 g, berat dikupas) kira-kira 1⅔ cawan / 400 ml stok sayuran
- 1½ sudu besar molase delima
- garam dan lada hitam yang baru dikisar
- SUMBAT
- 1½ sudu besar minyak zaitun
- 1 cawan / 150 g bawang merah dicincang halus
- ½ cawan / 100 g beras bijirin pendek
- ¼ cawan / 35 g kacang pain, dihancurkan
- 2 sudu besar pudina segar yang dicincang
- 2 sudu besar pasli daun rata yang dicincang
- 2 sudu kecil pudina kering
- 1 sudu kecil jintan halus
- ⅛ sudu kecil cengkih kisar
- ¼ sudu teh lada sulah
- ¾ sudu teh garam
- ½ sudu kecil lada hitam yang baru dikisar
- 4 biji lemon (pilihan)

ARAHAN:

a) Kupas dan potong kira-kira ¼ inci / 0.5 cm dari bahagian atas dan ekor bawang, letakkan bawang yang dipotong dalam periuk besar dengan banyak air, masak sehingga mendidih, dan masak selama 15 minit. Toskan dan ketepikan untuk menyejukkan.

b) Untuk menyediakan pemadat, panaskan minyak zaitun dalam kuali sederhana di atas api sederhana tinggi dan masukkan bawang merah. Tumis selama 8 minit, kacau selalu, kemudian masukkan semua bahan yang tinggal kecuali hirisan lemon. Kecilkan api dan teruskan masak dan kacau selama 10 minit.

c) Dengan menggunakan pisau kecil, buat potongan panjang dari bahagian atas bawang ke bahagian bawah, berjalan hingga ke tengahnya, supaya setiap lapisan bawang hanya mempunyai satu celah yang melaluinya. Mulakan perlahan-lahan memisahkan lapisan bawang, satu demi satu, sehingga anda mencapai inti. Jangan risau jika beberapa lapisan terkoyak sedikit melalui pengelupasan; anda masih boleh menggunakannya.

d) Pegang lapisan bawang dalam satu tangan yang dicangkul dan sudukan kira-kira 1 sudu besar adunan beras ke dalam setengah bahagian bawang, letakkan inti berhampiran satu hujung bukaan. Jangan tergoda untuk mengisinya lebih banyak, kerana ia perlu dibungkus dengan baik dan selesa. Lipat bahagian kosong bawang di atas bahagian yang disumbat dan gulungkannya dengan ketat supaya nasi ditutup dengan beberapa lapisan bawang tanpa udara di tengahnya.

e) Letakkan dalam kuali sederhana yang anda mempunyai penutup, jahitan ke bawah, dan teruskan dengan baki bawang dan adunan nasi. Letakkan bawang sebelah menyebelah dalam kuali, supaya tidak ada ruang untuk bergerak. Isikan mana-mana ruang dengan bahagian bawang yang belum disumbat. Masukkan stok secukupnya supaya bawang ditutup tiga perempat, bersama molase delima, dan perasakan dengan ¼ sudu teh garam.

f) Tutup kuali dan masak dengan reneh yang paling rendah selama 1½ hingga 2 jam, sehingga cecair telah sejat. Hidangkan hangat atau pada suhu bilik, dengan hirisan lemon jika anda suka.

21. Latkes

BAHAN-BAHAN:
- 5½ cawan / 600 g kentang yang dikupas dan diparut agak berlilin seperti Yukon Gold
- 2¾ cawan / 300 g ubi kupas dan parut
- ⅔ cawan / 30 g daun kucai, dicincang halus
- 4 biji putih telur
- 2 sudu besar tepung jagung
- 5 sudu besar / 80 g mentega tanpa garam
- 6½ sudu besar / 100 ml minyak bunga matahari
- garam dan lada hitam yang baru dikisar
- krim masam, untuk berkhidmat

ARAHAN:

a) Bilas kentang dalam mangkuk besar air sejuk. Toskan dalam colander, perah lebihan air, dan kemudian ratakan kentang di atas tuala dapur yang bersih untuk kering sepenuhnya.

b) Dalam mangkuk besar, campurkan bersama kentang, ubi, daun kucai, putih telur, tepung jagung, 1 sudu teh garam, dan banyak lada hitam.

c) Panaskan separuh mentega dan separuh minyak dalam kuali besar di atas api sederhana tinggi. Gunakan tangan anda untuk memilih bahagian kira-kira 2 sudu besar adunan latke, picit dengan kuat untuk mengeluarkan sedikit cecair, dan bentuk menjadi roti nipis kira-kira 3/8 inci / 1 cm tebal dan 3¼ inci / 8 cm diameter.

d) Berhati-hati letakkan seberapa banyak latkes yang anda boleh muat dengan selesa di dalam kuali, tolaknya ke bawah perlahan-lahan, dan ratakan dengan belakang sudu. Goreng dengan api sederhana tinggi selama 3 minit pada setiap sisi. Latkes perlu berwarna perang sepenuhnya di luar. Keluarkan latkes goreng dari minyak, letakkan di atas tuala kertas, dan biarkan hangat semasa anda memasak yang lain.

e) Masukkan baki mentega dan minyak mengikut keperluan. Hidangkan sekaligus dengan krim masam di sebelah.

22. Pinggan Kurma Aneka

BAHAN-BAHAN:
- 4-5 cawan pitted Kurma atau sebarang jenis
- 1/2 cawan Biji Bunga Matahari panggang
- 1/2 cawan Biji Labu panggang
- 1/2 cawan Bijan Putih panggang
- 1/2 cawan Bijan Hitam panggang
- 1/2 cawan Kacang Tanah panggang

ARAHAN:
a) Basuh dan keringkan semua kurma. Pastikan ia kering dan bebas lembapan.
b) Buat celah di tengah setiap kurma dan keluarkan bijinya. Buang biji.
c) Isikan bahagian tengah setiap kurma dengan biji bunga matahari panggang, biji labu, biji bijan putih, biji bijan hitam dan kacang tanah.
d) Susun kurma yang disumbat di atas pinggan besar, menjadikannya mudah diakses dan menarik secara visual.
e) Simpan aneka kurma dalam bekas kedap udara di dalam peti sejuk.

23.busuk

BAHAN-BAHAN:
- 2 tin kacang fava, toskan dan bilas
- 2 ulas bawang putih, dikisar
- 1/4 cawan minyak zaitun
- Jus 1 lemon
- Garam dan lada sulah, secukup rasa
- Pasli cincang untuk hiasan
- roti (Rukhal), untuk hidangan

ARAHAN:
a) Dalam kuali, tumis bawang putih yang dikisar dalam minyak zaitun sehingga naik bau.
b) Masukkan kacang fava dan masak sehingga panas.
c) Tumbuk sedikit kacang dengan garfu.
d) Perasakan dengan jus lemon, garam, dan lada sulah.
e) Hiaskan dengan pasli cincang.
f) Hidangkan bersama roti.

24. Samosa

BAHAN-BAHAN:
UNTUK doh SAMOSA:
- 2 cawan tepung serba guna (maida) (260 gram)
- 1 sudu teh ajwain (biji karom)
- 1/4 sudu teh garam
- 4 sudu besar + 1 sudu teh minyak (60 ml + 5 ml)
- Air untuk menguli doh (lebih kurang 6 sudu besar)

UNTUK PENGISIAN SAMOSA:
- 3-4 kentang sederhana (500-550 gram)
- 2 sudu besar minyak
- 1 sudu kecil biji jintan manis
- 1 sudu teh biji adas
- 2 sudu kecil biji ketumbar ditumbuk
- 1 sudu teh halia dicincang halus
- 1 cili hijau, dihiris
- 1/4 sudu teh hing (asafoetida)
- 1/2 cawan + 2 sudu besar kacang hijau (rendam dalam air suam jika menggunakan beku)
- 1 sudu kecil serbuk ketumbar
- 1/2 sudu teh garam masala
- 1/2 sudu teh amchur (serbuk mangga kering)
- 1/4 sudu teh serbuk cili merah (atau secukup rasa)
- 3/4 sudu teh garam (atau secukup rasa)
- Minyak untuk menggoreng

ARAHAN:
BUAT doh SAMOSA:
a) Dalam mangkuk besar, satukan tepung serba guna, ajwain dan garam.
b) Masukkan minyak dan sapu tepung dengan minyak sehingga ia menyerupai serbuk. Ini perlu mengambil masa 3-4 minit.
c) Masukkan air sedikit demi sedikit, uli hingga menjadi doh yang keras. Jangan terlalu banyak membuat doh; ia sepatutnya bersatu.
d) Tutup doh dengan kain lembap dan biarkan selama 40 minit.

BUAT ISI KENTANG:
e) Rebus kentang sehingga masak (8-9 wisel jika menggunakan periuk tekanan atas dapur atau 12 minit pada tekanan tinggi dalam Periuk Segera).
f) Kupas dan tumbuk kentang.
g) Dalam kuali, panaskan minyak dan masukkan biji jintan manis, biji adas, dan biji ketumbar yang telah dihancurkan. Tumis hingga naik bau.
h) Masukkan halia cincang, cili hijau, engsel, kentang rebus dan tumbuk, dan kacang hijau. Gaul sebati.
i) Masukkan serbuk ketumbar, garam masala, amchur, serbuk cili merah, dan garam. Gaul sehingga sebati. Keluarkan dari haba dan biarkan inti sejuk.

BENTUK & GORENG SAMOSA:
j) Setelah doh direhatkan, bahagikan kepada 7 bahagian yang sama banyak.
k) Gulungkan setiap bahagian ke dalam bulatan berdiameter 6- 7 inci dan potong kepada dua bahagian.
l) Ambil satu bahagian, sapukan air pada tepi lurus, dan bentukkan kon. Isikan dengan 1-2 sudu besar inti kentang.
m) Tutup samosa dengan mencubit tepi. Ulang untuk doh yang tinggal.
n) Panaskan minyak dengan api perlahan. Goreng samosa dengan api perlahan sehingga pejal dan coklat muda (10-12 minit). Besarkan api ke sederhana dan goreng sehingga perang keemasan.
o) Goreng 4-5 samosa pada satu masa, dan setiap batch akan mengambil masa kira-kira 20 minit dengan api perlahan.

25. Muhammara (Dip Lada Panas Syria)

BAHAN-BAHAN:
- 2 lada benggala manis, dibiji dan dibelah empat
- 3 keping roti gandum, kerak dikeluarkan
- ¾ cawan walnut panggang, dicincang
- 2 sudu besar jus lemon
- 2 sudu besar lada Aleppo
- 2 sudu teh molase delima
- 1 ulas bawang putih, dikisar
- 1 sudu kecil biji jintan manis, dikisar kasar
- Garam secukup rasa
- ½ cawan minyak zaitun
- 1 secubit serbuk sumac

ARAHAN:
a) Tetapkan rak ketuhar kira-kira 6 inci dari sumber haba dan panaskan daging pedaging ketuhar.
b) Lapik loyang dengan aluminium foil.
c) Letakkan lada benggala dengan bahagian yang dipotong ke bawah pada lembaran pembakar yang disediakan.
d) Panggang di bawah ayam pedaging yang telah dipanaskan sehingga kulit lada hitam dan melepuh, kira-kira 5 hingga 8 minit.
e) Bakar hirisan roti dalam pembakar roti dan biarkan ia sejuk.
f) Letakkan roti bakar ke dalam beg plastik yang boleh ditutup semula, keluarkan udara, tutup beg itu dan hancurkan dengan pin penggelek untuk dijadikan serbuk.
g) Pindahkan lada panggang ke dalam mangkuk dan tutup rapat dengan bungkus plastik.
h) Ketepikan sehingga kulit lada longgar, kira-kira 15 minit.
i) Keluarkan dan buang kulitnya.
j) Tumbuk lada yang telah dikupas dengan garpu.
k) Dalam pemproses makanan, satukan lada tumbuk, serbuk roti, walnut panggang, jus lemon, lada Aleppo, molase delima, bawang putih, jintan putih dan garam.
l) Pukul adunan beberapa kali untuk sebati sebelum berjalan pada tetapan terendah.
m) Alirkan minyak zaitun secara perlahan ke dalam campuran lada semasa ia sebati sehingga disepadukan sepenuhnya.
n) Pindahkan bancuhan muhammara ke dalam hidangan hidangan.
o) Taburkan sumac ke atas adunan sebelum dihidangkan.

26. Baba Ghanoush

BAHAN-BAHAN:
- 4 biji terung Itali yang besar
- 2 ulas bawang putih ditumbuk
- 2 sudu teh garam halal, atau secukup rasa
- 1 lemon, jus, atau lebih secukup rasa
- 3 sudu besar tahini, atau lebih secukup rasa
- 3 sudu besar minyak zaitun extra-virgin
- 2 sudu besar yogurt Greek biasa
- 1 secubit lada cayenne, atau secukup rasa
- 1 helai daun pudina segar, dikisar (Pilihan)
- 2 sudu besar pasli Itali segar yang dicincang

ARAHAN:
a) Panaskan gril luar untuk api sederhana tinggi dan sedikit minyak parut.
b) Cucuk permukaan kulit terung beberapa kali dengan hujung pisau.
c) Letakkan terung terus di atas panggangan. Pusing dengan kerap menggunakan penyepit semasa kulit menjadi pudar.
d) Masak sehingga terung telah runtuh dan sangat lembut, kira-kira 25 hingga 30 minit.
e) Pindahkan ke dalam mangkuk, tutup rapat dengan aluminium foil, dan biarkan sejuk selama kira-kira 15 minit.
f) Apabila terung cukup sejuk untuk dikendalikan, belah dua dan kikis daging ke dalam colander yang diletakkan di atas mangkuk.
g) Toskan selama 5 atau 10 minit.
h) Pindahkan terung ke dalam mangkuk adunan dan masukkan bawang putih dan garam yang dihancurkan.
i) Tumbuk sehingga berkrim tetapi dengan sedikit tekstur, kira-kira 5 minit.
j) Pukul jus lemon, tahini, minyak zaitun, dan lada cayenne.
k) Masukkan yogurt.
l) Tutup mangkuk dengan bungkus plastik dan sejukkan sehingga sejuk sepenuhnya, kira-kira 3 atau 4 jam.
m) Rasa untuk menyesuaikan perasa.
n) Sebelum dihidangkan, masukkan pudina cincang dan pasli cincang.

HIDANGAN UTAMA

27. Jedra (Lentil dan Beras)

BAHAN-BAHAN:
- 1 cawan lentil, dibilas
- 1 cawan nasi
- 1 biji bawang besar, cincang halus
- 1/4 cawan minyak zaitun
- Jintan kisar, ketumbar, garam, dan lada sulah secukup rasa

ARAHAN:
a) Tumis bawang cincang dalam minyak zaitun hingga kekuningan.
b) Masukkan lentil, beras, rempah, dan air. Masak sehingga nasi dan lentil empuk.
c) Gebu dengan garfu sebelum dihidangkan.

28. Ayam Sumbat (Djaj Mahshi)

BAHAN-BAHAN:
UNTUK AYAM DIPERAP:
- 1300 gram ayam, besar
- 2 biji limau
- 2sudu kecil garam
- 1 sudu teh jintan halus
- 1 sudu teh lada hitam dikisar

UNTUK MEREBUS AYAM:
- 2 cawan air
- 1 bawang sederhana, dicincang kecil
- 4 buah pelaga
- 3 helai daun laurel

UNTUK PENGISIAN:
- 3/4 cawan beras Mesir (kecil), dicuci dan direndam dalam air sejuk untuk
- 30 minit dan toskan dengan baik
- 1 sudu besar minyak sayuran
- 1 sudu besar marjerin
- 2 sudu besar kacang pain atau sebarang jenis kacang
- 150 g daging cincang, tanpa lemak (pilihan)
- 1 bawang kecil, dicincang kecil
- 3/4 cawan air panas
- 1 sudu kecil lada manis
- 1 sudu teh garam
- 1 sudu teh lada hitam dikisar
- 1/2 sudu teh kayu manis halus
- 1 sudu besar minyak sayuran, untuk ketuhar
- 1 sudu besar sos tomato, untuk ketuhar

ARAHAN:

a) Kami memeriksa ayam dengan baik dengan pisau sehingga kami mengeluarkan bulu yang masih ada. Kemudian, sapu ayam dengan limau dengan baik, dalam dan luar, kemudian sapu dengan campuran garam, lada hitam dan jintan manis, dan biarkan di dalam peti sejuk selama dua jam sehingga bahan perapan diserap.

b) Untuk menyediakan inti, dalam periuk atas api, masukkan minyak dan marjerin, kemudian goreng kacang pain sedikit, kemudian masukkan bawang besar dan kacau sehingga bawang layu, masukkan daging kisar dan kacau sehingga air daging kering.

c) Masukkan 3/4 cawan air panas dan kacau, kemudian masukkan beras dan kacau selama 5 minit, masukkan garam, lada manis, lada hitam dan kayu manis dan kacau, kemudian kecilkan api sedikit sehingga nasi separuh masak, keluarkan dari atas. api dan biarkan sehingga ia sejuk.

d) Kami mula memasukkan ayam dari leher, kemudian bahagian dalam, memasukkan di bawah sayap dan menutup tempat terbuka dengan benang (berhati-hati untuk tidak mengisi ayam sepenuhnya kerana isipadu nasi akan meningkat selepas itu).

e) Dalam periuk yang luas, letakkan ayam di belakangnya dengan hanya air yang cukup untuk ditutup dengan buah pelaga, bawang cincang dan biarkan ia mendidih dengan api perlahan sehingga ayam mula matang.

f) Kami mengeluarkan ayam dari periuk dan menyikatnya dari luar dengan berus dengan campuran sos dan minyak. Masukkan ke dalam beg gril dengan 4 sudu besar sup, kemudian tutup beg dengan baik, dan kemudian buat lubang kecil dari atas dengan pin supaya ia tidak membonjol terlalu banyak di dalam ketuhar. Kemudian kami meletakkan beg di dalam dulang ketuhar.

g) Ayam sumbat yang dibakar dengan cara Palestin masuk ke dalam ketuhar di atas panggangan sehingga ia benar-benar perang, membalikkan beg semasa menggoreng, kemudian dikeluarkan dari ketuhar dan diletakkan di atas pinggan hidangan dan dihidangkan.

29.Ayam Bakar (Djaj Harari)

BAHAN-BAHAN:
AYAM
- Beg pemanggang
- Air 1 Cawan
- 1 kentang besar, potong segi empat sama
- Lobak merah atau dua lobak merah cincang

PENGISIAN:
- bawang putih 1 kepala
- 1 biji bawang
- tomato
- jus lemon
- sudu kecil cuka
- cawan minyak zaitun kecil
- Dua sudu besar pes tomato
- Garam (ikut suka)
- sudu kicap

ARAHAN:

a) Masukkan bahan bahan sumbat ke dalam mixer, kemudian bawa ayam dan

b) buat lubang pada ayam, perasakan dan perap selama empat jam atau sepanjang malam.

c) Garamkan sayur yang kita nak letak bersama ayam, perasakan, dan masukkan ke dalam beg bersama ayam.

d) Tutup beg dari atas, masukkan ke dalam dulang, tuangkan secawan air ke dalam dulang, dan tebuk beg dengan pisau dua lubang kecil untuk mengeluarkan udara.

e) Letakkan dalam ketuhar yang dipanaskan dari satu jam hingga satu jam dan suku pada suhu 180 darjah, dan air boleh ditambah ke dulang jika ia kering sebelum ia siap.

f) Kami mengeluarkannya dari beg dan berkhidmat dengan yogurt dan jeruk, sihat dan sedia.

30.Mallow (Khuzaibah)

BAHAN-BAHAN:
- Satu atau dua tandan daun mallow segar (rumpai keju)
- 1 biji bawang
- minyak zaitun
- Tepung gandum atau garam tepung biasa
- lada hitam
- Sos panas
- Lada merah dicincang halus
- air mendidih

ARAHAN:
a) Pilih daun dengan berhati-hati, keluarkan sebarang batang.
b) Air mendidih. Apabila mendidih, jatuhkan daun mallow ke dalam air. Kacau sehingga rata.
c) Langkah seterusnya ini memerlukan mesin pemotong atau pengaduk, iaitu batang kayu dengan beberapa lubang. Batang kayu kecil menonjol dari lubang. Dengan menggunakan alat, kacau daun mallow. Pukul telur ann boleh digunakan untuk tujuan yang sama, tetapi boleh juga untuk membuang dengan pengacau atau pemukul dan hanya menggunakan sudu kayu
d) Selepas mallow cair dan daunnya gugur, letakkan sedikit air di atas tepung dan kacau sehingga membentuk ketulan kecil doh.
e) Letakkan pada khubaizeh yang telah dimasak , perasakan dengan garam dan lada hitam; masukkan lada merah cincang dan sesudu sos cili merah.
f) Biarkan dengan api perlahan sehingga doh betul-betul matang.
g) Potong bawang kecil dan goreng dalam minyak zaitun hingga agak merah, kemudian masukkan adunan bawang dan minyak ke dalam khubaizah dan masak sedikit.
h) Dihidangkan panas-panas bersama roti segar, lemon, sos panas dan jeruk dan ia juga boleh dihidangkan dalam bentuk Fattah (roti cincang dengan sup mallow yang telah dimasak di atasnya).

31.Zucchini Sumbat (Mahshi Kpusa)

BAHAN-BAHAN:
- 1 paun kambing atau daging lembu yang diberi makan rumput, atau ayam
- 2.5 cawan beras putih bijirin pendek dibilas (lihat nota)
- 1 sudu kecil kayu manis
- 1 sudu kecil lada sulah
- 1/4 sudu kecil buah pala
- 1/4 sudu kecil buah pelaga kisar
- Garam dan lada hitam secukup rasa
- 4 sudu besar minyak zaitun (dibahagikan)

SAYURAN
- 12-14 (kira-kira 4 paun) zucchini kecil, kira-kira 5-6 inci panjang dan 1
- hingga 2 inci diameter
- Garam dan lada sulah secukup rasa

SOS
- 2 cawan air rebusan ayam Saya hanya menggunakan air, ia sangat baik (cukup untuk menenggelamkan sayur-sayuran)
- 28 oz tomato hancur
- 1 sudu besar pes tomato
- 4 paun tomato segar.
- 3 ulas bawang putih
- daun salam

ARAHAN:

a) Pertama, anda ingin mengisar zucchini itu. Anda boleh mencari pemikat zucchini dengan mudah dalam talian, dan di kebanyakan kedai runcit Timur Tengah.

b) Ini adalah teknik yang bagus untuk dipelajari dan diamalkan kerana ia digunakan dalam banyak sayur-sayuran yang disumbat. Jangan berasa sedih jika anda memecahkan sedikit. Ia memerlukan latihan. Pertama, potong batang. Anda memerlukan alat Khas seperti pemisah epal untuk memudahkan kerja. Teruskan mengoreknya, seperti mengukir labu sehingga anda mempunyai dinding setebal kira-kira 1/8 inci dan anda sampai ke bahagian bawah. Anda akan melakukan langkah ini beberapa kali sehingga anda mengikis dan menyucikan zucchini menjadikan ruang yang cukup untuk mengisi.

Berhati-hati untuk tidak membuat lubang padanya jika boleh. Jika anda mempunyai pemikat epal gunakan itu. Jangan buang pulpa. Anda boleh memasaknya bersendirian dengan rempah atau telur dan memakannya dengan roti segar.

c) Bilas beras beberapa kali dalam air sejuk sehingga airnya jernih ini akan menyingkirkan sebahagian daripada kanji dalam beras menghasilkan isi yang lebih gebu.

d) Menumis daging: (pilihan) atau anda boleh menambah daging mentah ke dalam nasi yang telah dibilas.

e) Dalam kuali bahagian bawah yang berat, panaskan minyak, masukkan daging dan rempah. Tumis hingga agak keperangan dan hancur. Anda tidak perlu memasak daging sepenuhnya kerana ia akan selesai dimasak dalam sos.

f) Keluarkan mangkuk dalam yang bagus dan campurkan semua bahan pemadat sehingga sebati. (atau anda boleh menggunakan tangan saya untuk ini.)

g) Sumbat perlahan-lahan zucchini dengan adunan menggunakan jari anda. Jangan melebihkan mereka! Isi hanya kira-kira ¾ daripada kousa dengan pemadat, dan jangan bungkusnya. Biarkan ruang untuk nasi mengembang semasa memasak.

h) Dalam periuk yang besar dan berat, tambahkan 2 sudu besar minyak zaitun dan tumis pulpa zucchini (bahagian dalam zucchini) dengan ulas bawang putih. Satukan bahan sos dan biarkan mendidih, sambil dikacau. Kemudian kecilkan api dan renehkan selama beberapa minit untuk membiarkan rasa masak. Rasa untuk perasa. Berhati-hati mengapungkan zucchini yang disumbat dalam sup dan reneh (pastikan kuahnya menutupi zucchini) selama 50-60 Minit sehingga nasi masak dan zucchini lembut.

i) Periksa sekali-sekala semasa memasak dan jika sos memerlukan lebih sup atau air, tambahkannya. Hidangkan dalam mangkuk yang dalam, dengan sos tomato di atasnya. Shahtain ! Iaitu bahasa Arab untuk "bon appétit," yang secara literal diterjemahkan kepada "Dua Kesihatan kepada anda.

32. Kubis Sumbat (Mahshi Malfouf)

BAHAN-BAHAN:
- 1 kepala besar kubis daun lebar
- 2 Kepala bawang putih keseluruhan
- 2 paun lamb chop atau kambing pada tulang ke bahagian bawah periuk
- Jus lemon dan hirisan lemon untuk hidangan.
- 3 cawan beras bijirin pendek, Dimasak
- 4 ulas bawang putih ditumbuk
- Garam dan lada
- 2 sudu kecil lada sulah
- 1 sudu kecil jintan manis
- 1/2 sudu kecil kayu manis
- 1/4 sudu teh buah pala
- 2 sudu besar minyak zaitun
- 1 paun daging cincang (kambing, daging lembu, ayam kisar atau ayam belanda (sebaik-baiknya daging gelap bukan dada).

ARAHAN:
a) Keluarkan inti dari kubis.
b) Rebus seluruh kepala kubis dalam periuk besar sehingga daun lembut dan lentur.
c) Berhati-hati kupas daun satu demi satu.
d) Dalam mangkuk adunan, satukan nasi, daging cincang, bawang putih yang dihancurkan, garam, lada sulah, lada sulah, jintan manis, kayu manis, buah pala dan minyak zaitun.
e) Campurkan bahan-bahan dengan teliti.
f) Letakkan satu sudu adunan inti pada setiap daun kubis.
g) Lipat bahagian tepi daun kubis di atas inti dan gulungkannya dengan ketat untuk membentuk gulungan kubis yang disumbat.
h) Lapik bahagian bawah periuk besar dengan daging kambing atau kambing pada tulang.
i) Letakkan gulungan kubis yang disumbat di atas kambing, buat lapisan.
j) Picit kepala bawang putih sedikit untuk mengeluarkan sedikit rasa dan letakkan di antara gulungan kubis yang disumbat.
k) Masukkan air secukupnya untuk menutup gulungan kobis yang disumbat.
l) Reneh dengan api perlahan sehingga nasi masak dan rasa sebati.
m) Setelah masak, hidangkan gulungan kubis yang disumbat bersama hirisan limau nipis dan sedikit air limau nipis.

33. Qalayet Banadora (Rebus Tomato)

BAHAN-BAHAN:
- 4 biji tomato besar, potong dadu
- 1 biji bawang, dicincang halus
- 3 ulas bawang putih, dikisar
- 2 sudu besar minyak zaitun
- 1 sudu teh ketumbar kisar
- 1 sudu teh jintan kisar
- Garam dan lada sulah secukup rasa
- Pasli segar untuk hiasan

ARAHAN:
a) Dalam kuali, tumis bawang merah dan bawang putih yang dicincang dalam minyak zaitun sehingga lembut.
b) Masukkan tomato dadu ke dalam kuali dan masak sehingga mengeluarkan jusnya.
c) Perasakan dengan ketumbar kisar, jintan manis, garam dan lada sulah. Kacau hingga sebati.
d) Rebus rebusan sehingga tomato benar-benar masak dan sos pekat.
e) Hiaskan dengan pasli segar sebelum dihidangkan.

34. Acar Hijau Zaitun

BAHAN-BAHAN:
- 2 cawan buah zaitun hijau
- 1 cawan air
- 1 cawan cuka putih
- 1 sudu besar garam
- 2 ulas bawang putih, ditumbuk
- 1 sudu kecil biji ketumbar
- 1 sudu teh biji adas
- 1 sudu kecil kepingan lada merah (pilihan)

ARAHAN:
a) Bilas dan toskan buah zaitun hijau.
b) Dalam periuk, satukan air, cuka, garam, bawang putih, biji ketumbar, biji adas dan kepingan lada merah (jika menggunakan). Biarkan mendidih.
c) Masukkan zaitun hijau ke dalam campuran mendidih dan reneh selama 5-10 minit.
d) Biarkan campuran sejuk, kemudian pindahkan buah zaitun dan cecair ke dalam balang yang disterilkan.
e) Tutup balang dan sejukkan selama sekurang-kurangnya 24 jam sebelum dimakan.

35. Moussaka

BAHAN-BAHAN:
- 2 biji terung besar, dihiris
- 1 paun kambing kisar atau daging lembu
- 1 biji bawang, dicincang halus
- 3 ulas bawang putih, dikisar
- 2 biji tomato besar, potong dadu
- 1/2 cawan pes tomato
- 1 sudu teh kayu manis tanah
- Garam dan lada sulah secukup rasa
- Minyak zaitun untuk menggoreng

ARAHAN:
a) Garam hirisan terung dan biarkan selama 30 minit untuk menghilangkan kelembapan berlebihan. Bilas dan keringkan.
b) Dalam kuali, panaskan minyak zaitun dan goreng hirisan terung hingga kekuningan. Mengetepikan.
c) Dalam kuali yang sama, masak daging kisar, bawang cincang, dan bawang putih kisar sehingga perang.
d) Masukkan tomato dadu, pes tomato, kayu manis tanah, garam, dan lada sulah. Masak sehingga adunan pekat.
e) Dalam bekas pembakar, lapiskan hirisan terung goreng dan adunan daging.
f) Bakar dalam ketuhar yang telah dipanaskan pada 350°F (175°C) selama kira-kira 30 minit atau sehingga berbuih.

36. Lentil dan Sup Labu

BAHAN-BAHAN:
- 1 cawan lentil merah
- 2 cawan labu potong dadu
- 1 bawang, dicincang
- 3 ulas bawang putih, dikisar
- 1 sudu teh jintan kisar
- 1 sudu teh ketumbar kisar
- 6 cawan sup sayur
- Garam dan lada sulah secukup rasa
- Minyak zaitun untuk menumis

ARAHAN:
a) Dalam periuk, tumis bawang merah dan bawang putih cincang dalam minyak zaitun sehingga lembut.
b) Masukkan labu potong dadu, lentil merah, jintan kisar, ketumbar kisar, garam dan lada sulah. Kacau hingga sebati.
c) Tuangkan sup sayur-sayuran dan biarkan mendidih. Kecilkan api dan renehkan sehingga lentil dan labu empuk.
d) Gunakan pengisar rendaman untuk memurnikan sup mengikut konsistensi yang anda inginkan.
e) Sesuaikan perasa jika perlu dan hidangkan panas.

37.Ikan Gazan Pedas

BAHAN-BAHAN:
- 4 isi ikan (seperti siakap atau kerapu)
- 2 sudu besar minyak zaitun
- 1 bawang, dicincang halus
- 3 ulas bawang putih, dikisar
- 2 biji tomato, potong dadu
- 1 sudu teh jintan kisar
- 1 sudu teh ketumbar kisar
- 1 sudu kecil paprika
- 1/2 sudu kecil lada cayenne
- Garam dan lada sulah secukup rasa
- Ketumbar segar untuk hiasan

ARAHAN:
a) Dalam kuali, tumis bawang merah dan bawang putih cincang dalam minyak zaitun sehingga lembut.
b) Masukkan tomato dadu, jintan halus, ketumbar kisar, paprika, lada cayenne, garam, dan lada sulah. Masak sehingga tomato hancur.
c) Perasakan fillet ikan dengan garam dan lada sulah, kemudian masukkan ke dalam kuali dengan campuran tomato.
d) Masak ikan sehingga legap dan mudah dikelupas dengan garpu.
e) Hiaskan dengan daun ketumbar segar sebelum dihidangkan.

38. Mangkuk Udang

BAHAN-BAHAN:
- 1 paun udang besar, dikupas dan dikeringkan
- 2 cawan nasi masak
- 1 lada benggala, dihiris
- 1 zucchini, dihiris
- 1 biji bawang, dihiris
- 3 ulas bawang putih, dikisar
- 2 sudu besar minyak zaitun
- 1 sudu teh jintan kisar
- 1 sudu teh paprika salai
- Garam dan lada sulah secukup rasa
- Baji lemon segar untuk dihidangkan

ARAHAN:
a) Dalam kuali, tumis hirisan lada benggala, zucchini, dan bawang dalam minyak zaitun sehingga lembut.
b) Masukkan bawang putih kisar, jintan halus, paprika salai, garam, dan lada sulah. Kacau hingga sebati.
c) Masukkan udang ke dalam kuali dan masak sehingga menjadi merah jambu dan legap.
d) Hidangkan campuran udang dan sayur di atas nasi yang telah dimasak.
e) Perahkan jus lemon segar ke atas hidangan sebelum dihidangkan.

39.Pai Bayam

BAHAN-BAHAN:
- 2 cawan bayam cincang
- 1 cawan keju feta hancur
- 1 biji bawang, dicincang halus
- 2 sudu besar minyak zaitun
- Garam dan lada sulah secukup rasa
- 1 paket doh pastri yang telah siap

ARAHAN:
a) Dalam kuali, tumis bawang cincang dalam minyak zaitun sehingga lembut.
b) Masukkan bayam cincang dan masak hingga layu. Perasakan dengan garam dan lada sulah.
c) Keluarkan dari haba dan biarkan ia sejuk. Kacau dalam keju feta yang hancur.
d) Canai doh pastri dan potong bulatan. Letakkan satu sudu campuran bayam di tengah.
e) Lipat doh di atas inti untuk membentuk bentuk separuh bulan. Kedap tepi.
f) Bakar mengikut arahan doh pastri atau sehingga perang keemasan.

40.Musakhan

BAHAN-BAHAN:
- 4 paha ayam
- 1 biji bawang besar, hiris nipis
- 1/4 cawan minyak zaitun
- 1 sudu teh sumac tanah
- 1 sudu teh jintan kisar
- 1 sudu teh ketumbar kisar
- Garam dan lada sulah secukup rasa
- Roti rata Palestin (Pantang larang atau sebarang roti rata)
- Pasli cincang dan kacang pain panggang untuk hiasan

ARAHAN:
a) Panaskan ketuhar hingga 400°F (200°C).
b) Perasakan paha ayam dengan sumac, jintan manis, ketumbar, garam dan lada sulah.
c) Dalam kuali, panaskan minyak zaitun dan tumis bawang besar yang dihiris sehingga karamel.
d) Masukkan paha ayam yang telah dibumbui ke dalam kuali dan perang di kedua-dua belah.
e) Letakkan ayam dan bawang di atas roti rata. Siram dengan minyak zaitun.
f) Bakar dalam ketuhar sehingga ayam masak.
g) Hiaskan dengan pasli cincang dan kacang pain panggang sebelum dihidangkan.

41. Thyme Mutabbaq

BAHAN-BAHAN:
- 2 cawan daun thyme segar
- 1/2 cawan minyak zaitun
- Garam secukup rasa
- Doh roti leper Palestin atau helaian pra-dibuat

ARAHAN:
a) Panaskan ketuhar hingga 375°F (190°C).
b) Dalam mangkuk, campurkan daun thyme segar dengan minyak zaitun dan garam.
c) Canai doh roti leper atau gunakan helaian yang telah siap.
d) Sapukan campuran thyme secara merata pada separuh doh dan lipat separuh lagi, menutup tepi.
e) Bakar dalam ketuhar sehingga perang keemasan dan garing.

42. Malfouf

BAHAN-BAHAN:
- Daun kobis
- 1 cawan beras, dibilas
- 1/2 paun kambing kisar atau daging lembu
- 1 biji bawang, dicincang halus
- 2 sudu besar pes tomato
- 2 sudu besar minyak zaitun
- 1 sudu teh kayu manis tanah
- Garam dan lada sulah secukup rasa
- Lemon wedges untuk dihidangkan

ARAHAN:
a) Rebus daun kubis hingga empuk. Toskan dan ketepikan.
b) Dalam kuali, tumis bawang cincang dalam minyak zaitun sehingga lut sinar.
c) Masukkan daging kisar dan masak hingga keperangan. Masukkan pes tomato, kayu manis, garam dan lada sulah.
d) Letakkan satu sudu adunan daging dalam setiap daun kobis dan gulung padat.
e) Susun daun kobis yang telah disumbat dalam periuk. Masukkan air secukupnya hingga menutup.
f) Reneh dengan api perlahan sehingga nasi masak dan gulungan kobis empuk.
g) Hidangkan bersama hirisan lemon.

43.Al Qidra Al Khaliliya

BAHAN-BAHAN:
- 2 cawan beras basmati
- 1/2 cawan mentega cair (ghee)
- 1 biji bawang besar, hiris nipis
- 1.5 lbs kambing atau ayam, dipotong menjadi kepingan
- 1/2 cawan kacang ayam, direndam semalaman
- 1/2 cawan badam keseluruhan
- 1/2 cawan kismis
- 1 sudu teh kayu manis tanah
- 1 sudu kecil lada sulah
- Garam dan lada sulah secukup rasa
- 4 cawan air rebusan ayam atau daging lembu

ARAHAN:
a) Bilas beras dan rendam dalam air selama 30 minit. longkang.
b) Dalam periuk besar, cairkan mentega yang telah dijelaskan dengan api sederhana. Masukkan hirisan bawang besar dan masak sehingga perang keemasan.
c) Masukkan kepingan daging dan perangkannya di semua sisi.
d) Kacau dalam kacang ayam yang direndam, badam, kismis, kayu manis, lada sulah, garam dan lada sulah.
e) Masukkan beras toskan ke dalam periuk dan gaul rata.
f) Tuangkan sup ayam atau daging lembu dan biarkan mendidih. Kecilkan api, tutup dan renehkan sehingga nasi masak dan cecair diserap.
g) Biarkan beberapa minit, kemudian kembangkan nasi dengan garfu.
h) Hidangkan panas, dihiasi dengan badam tambahan dan kismis jika dikehendaki.

44. Rissole: Daging Kisar

BAHAN-BAHAN:
- 1 lb daging cincang (daging lembu, kambing atau campuran)
- 1 biji bawang, dicincang halus
- 2 ulas bawang putih, dikisar
- 1/2 cawan serbuk roti
- 1/4 cawan susu
- 1 biji telur
- 1 sudu teh jintan kisar
- 1 sudu kecil paprika
- Garam dan lada sulah secukup rasa
- Tepung untuk salutan
- Minyak sayuran untuk menggoreng

ARAHAN:
a) Dalam mangkuk, gabungkan daging cincang, bawang cincang, bawang putih cincang, serbuk roti, susu, telur, jintan kisar, paprika, garam dan lada sulah. Gaul hingga sebati.
b) Bentuk adunan menjadi patties kecil atau bebola.
c) Canai setiap patty dalam tepung untuk disalut sama rata.
d) Panaskan minyak sayuran dalam kuali dengan api sederhana.
e) Goreng patties sehingga perang keemasan di kedua-dua belah dan masak.
f) Toskan pada tuala kertas untuk mengeluarkan lebihan minyak.
g) Hidangkan panas bersama sos pencicah kegemaran anda.

45. Mejadra

BAHAN-BAHAN:
- 1¼ cawan / 250 g lentil hijau atau coklat
- 4 bawang sederhana (1½ lb / 700 g sebelum dikupas)
- 3 sudu besar tepung serba guna
- kira-kira 1 cawan / 250 ml minyak bunga matahari
- 2 sudu kecil biji jintan manis
- 1½ sudu besar biji ketumbar
- 1 cawan / 200 g beras basmati
- 2 sudu besar minyak zaitun
- ½ sudu kecil kunyit kisar
- 1½ sudu kecil lada sulah
- 1½ sudu kecil kayu manis tanah
- 1 sudu kecil gula
- 1½ cawan / 350 ml air
- garam dan lada hitam yang baru dikisar

ARAHAN

a) Letakkan lentil dalam periuk kecil, tutup dengan banyak air, masak sehingga mendidih, dan masak selama 12 hingga 15 minit, sehingga lentil telah lembut tetapi masih mempunyai sedikit gigitan. Toskan dan ketepikan.

b) Kupas bawang dan hiris nipis. Letakkan di atas pinggan rata yang besar, taburkan dengan tepung dan 1 sudu teh garam, dan gaul rata dengan tangan anda. Panaskan minyak bunga matahari dalam periuk sederhana berdasar berat yang diletakkan di atas api yang tinggi. Pastikan minyak panas dengan membuang sekeping kecil bawang; ia harus berdesing dengan kuat. Kecilkan api kepada sederhana tinggi dan berhati-hati (mungkin meludah!) masukkan satu pertiga daripada bawang yang dihiris. Goreng selama 5 hingga 7 minit, kacau sekali-sekala dengan sudu berlubang, sehingga bawang mendapat warna perang keemasan yang bagus dan menjadi garing (laraskan suhu supaya bawang tidak terlalu cepat goreng dan hangus). Gunakan sudu untuk memindahkan bawang ke dalam colander yang dialas dengan tuala kertas dan taburkan sedikit lagi garam. Lakukan perkara yang sama dengan dua kelompok bawang yang lain; tambah sedikit minyak tambahan jika perlu.

c) Lap bersih periuk tempat anda menggoreng bawang dan masukkan jintan manis dan biji ketumbar. Letakkan di atas api sederhana dan bakar benih selama satu atau dua minit. Masukkan beras, minyak zaitun, kunyit, lada sulah, kayu manis, gula, ½ sudu teh garam, dan banyak lada hitam. Kacau hingga menyalut nasi dengan minyak kemudian masukkan lentil masak dan air. Didihkan, tutup dengan tudung, dan reneh dengan api yang sangat perlahan selama 15 minit.

d) Keluarkan dari api, angkat penutup dan tutup kuali dengan cepat dengan tuala teh yang bersih. Tutup rapat dengan penutup dan ketepikan selama 10 minit.

e) Akhir sekali, masukkan separuh bawang goreng ke dalam nasi dan lentil dan kacau perlahan-lahan dengan garpu. Letakkan adunan dalam mangkuk hidangan cetek dan tutup dengan baki bawang.

46.Na'ama gemuk

BAHAN-BAHAN:
- 1 cawan / 200 g yogurt Yunani dan ¾ cawan ditambah 2 sudu besar / 200 ml susu penuh, atau 1⅔ cawan / 400 ml susu mentega (menggantikan kedua-dua yogurt dan susu)
- 2 roti pipih Turki basi besar atau naan (jumlah 9 auns / 250 g)
- 3 tomato besar (13 oz / 380 g kesemuanya), potong dadu ⅔ inci / 1.5cm
- 3½ oz / 100 g lobak, dihiris nipis
- 3 timun Lubnan atau mini (jumlah 9 oz / 250 g), dikupas dan dicincang menjadi dadu ⅔ inci / 1.5cm
- 2 biji bawang hijau, hiris nipis
- ½ auns / 15 g pudina segar
- 1 oz / 25 g pasli daun rata, dicincang kasar
- 1 sudu besar pudina kering
- 2 ulas bawang putih, ditumbuk
- 3 sudu besar jus lemon yang baru diperah
- ¼ cawan / 60 ml minyak zaitun, ditambah tambahan untuk gerimis
- 2 sudu besar cider atau cuka wain putih
- ¾ sudu kecil lada hitam yang baru dikisar
- 1½ sudu kecil garam
- 1 sudu besar sumac atau lebih secukup rasa, untuk hiasan

ARAHAN:

a) Jika menggunakan yogurt dan susu, mulakan sekurang-kurangnya 3 jam dan sehingga sehari lebih awal dengan meletakkan kedua-duanya dalam mangkuk. Pukul rata dan biarkan di tempat yang sejuk atau dalam peti ais sehingga buih terbentuk di permukaan. Apa yang anda dapat ialah sejenis buttermilk buatan sendiri, tetapi kurang masam.

b) Koyakkan roti menjadi kepingan saiz gigitan dan masukkan ke dalam mangkuk adunan yang besar. Masukkan campuran yogurt yang ditapai atau susu mentega komersial, diikuti dengan bahan-bahan lain, gaul rata, dan biarkan selama 10 minit untuk semua rasa bergabung.

c) Sudukan fattoush ke dalam mangkuk hidangan, renjiskan dengan sedikit minyak zaitun, dan hiaskan dengan banyak sumac.

47. Salad bayam bayi dengan kurma & badam

BAHAN-BAHAN:
- 1 sudu besar cuka wain putih
- ½ bawang merah sederhana, dihiris nipis
- 3½ oz / 100 g kurma Medjool diadu, dibelah empat memanjang
- 2 sudu besar / 30 g mentega tanpa garam
- 2 sudu besar minyak zaitun
- 2 pita kecil, kira-kira 3½ oz / 100 g, koyak kira-kira menjadi kepingan 1½ inci / 4cm
- ½ cawan / 75 g keseluruhan badam tanpa garam, dicincang kasar
- 2 sudu kecil sumac
- ½ sudu kecil kepingan cili
- 5 oz / 150 g daun bayam bayi
- 2 sudu besar jus lemon yang baru diperah
- garam

ARAHAN:

a) Masukkan cuka, bawang besar, dan kurma dalam mangkuk kecil. Masukkan secubit garam dan gaul rata dengan tangan. Biarkan perap selama 20 minit, kemudian toskan sisa cuka dan buang.

b) Sementara itu, panaskan mentega dan separuh minyak zaitun dalam kuali sederhana dengan api sederhana. Masukkan pita dan badam dan masak selama 4 hingga 6 minit, kacau sepanjang masa, sehingga pita rangup dan perang keemasan. Keluarkan dari api dan campurkan sumac, kepingan cili dan ¼ sudu teh garam. Ketepikan untuk sejuk.

c) Apabila anda bersedia untuk dihidangkan, toskan daun bayam bersama adunan pita ke dalam mangkuk adunan yang besar. Masukkan kurma dan bawang merah, baki minyak zaitun, jus lemon, dan secubit garam lagi. Rasa untuk perasa dan hidangkan segera.

48.Labu butternut panggang dengan za'atar

BAHAN-BAHAN:
- 1 labu butternut besar (jumlah 2½ lb / 1.1 kg), potong ¾ kali 2½ inci / 2 kali 6cm baji
- 2 biji bawang merah, potong 1¼ inci / 3cm baji
- 3½ sudu besar / 50 ml minyak zaitun
- 3½ sudu besar pes tahini ringan
- 1½ sudu besar jus lemon
- 2 sudu besar air
- 1 ulas bawang putih kecil, ditumbuk
- 3½ sudu besar / 30 g kacang pain
- 1 sudu besar za'atar
- 1 sudu besar pasli daun rata yang dicincang kasar
- Maldon dan lada hitam yang baru dikisar

ARAHAN:
a) Panaskan ketuhar kepada 475°F / 240°C.
b) Masukkan labu dan bawang dalam mangkuk adunan yang besar, tambah 3 sudu besar minyak, 1 sudu teh garam, dan sedikit lada hitam dan gaul rata. Sapukan pada lembaran pembakar dengan kulit menghadap ke bawah dan panggang dalam ketuhar selama 30 hingga 40 minit, sehingga sayur-sayuran telah berubah warna dan masak. Perhatikan bawang kerana ia mungkin masak lebih cepat daripada labu dan perlu dibuang lebih awal. Keluarkan dari ketuhar dan biarkan sejuk.
c) Untuk membuat sos, letakkan tahini dalam mangkuk kecil bersama jus lemon, air, bawang putih, dan ¼ sudu teh garam. Pukul sehingga sos adalah konsisten madu, tambah lebih banyak air atau tahini jika perlu.
d) Tuangkan baki 1½ sudu teh minyak ke dalam kuali kecil dan letakkan di atas api sederhana sederhana. Masukkan kacang pain bersama ½ sudu teh garam dan masak selama 2 minit, kacau selalu, sehingga kacang berwarna perang keemasan. Keluarkan dari api dan pindahkan kacang dan minyak ke dalam mangkuk kecil untuk menghentikan memasak.
e) Untuk menghidangkan, ratakan sayur-sayuran di atas pinggan hidangan yang besar dan gerimis di atas tahini. Taburkan kacang pain dan minyaknya di atas, diikuti dengan za'atar dan pasli.

49. Salad Kacang Campur

BAHAN-BAHAN:
- 10 oz / 280 g kacang kuning, dipotong (jika tidak ada, gandakan kuantiti kacang hijau)
- 10 oz / 280 g kacang hijau, dipotong
- 2 lada merah, dipotong menjadi jalur ¼ inci / 0.5cm
- 3 sudu besar minyak zaitun, ditambah 1 sudu kecil untuk lada
- 3 ulas bawang putih, hiris nipis
- 6 sudu besar / 50 g caper, dibilas dan ditepuk kering
- 1 sudu kecil biji jintan manis
- 2 sudu kecil biji ketumbar
- 4 biji bawang hijau, hiris nipis
- ⅓ cawan / 10 g tarragon, dicincang kasar
- ⅔ cawan / 20 g daun chervil yang dipetik (atau campuran dill yang dipetik dan pasli yang dicincang)
- kulit parut 1 lemon
- garam dan lada hitam yang baru dikisar

ARAHAN:

a) Panaskan ketuhar hingga 450°F / 220°C.
b) Didihkan periuk besar dengan air yang banyak dan masukkan kacang kuning. Selepas 1 minit, masukkan kacang hijau dan masak selama 4 minit lagi, atau sehingga kacang masak tetapi masih rangup. Segarkan di bawah air sejuk ais, toskan, keringkan, dan masukkan ke dalam mangkuk adunan yang besar.
c) Sementara itu, masukkan lada dalam 1 sudu teh minyak, sapukan pada lembaran penaik, dan masukkan ke dalam ketuhar selama 5 minit, atau sehingga lembut. Keluarkan dari ketuhar dan masukkan ke dalam mangkuk bersama kacang yang telah dimasak.
d) Panaskan 3 sudu besar minyak zaitun dalam periuk kecil. Masukkan bawang putih dan masak selama 20 saat; tambah caper (berhati-hati, mereka meludah!) dan goreng selama 15 saat lagi. Masukkan jintan manis dan biji ketumbar dan teruskan menggoreng selama 15 saat lagi. Bawang putih sepatutnya telah menjadi keemasan sekarang. Angkat dari api dan tuangkan isi kuali dengan segera ke atas kacang. Tos dan masukkan bawang hijau, herba, kulit limau, ¼ sudu teh garam dan lada hitam.
e) Hidangkan, atau simpan dalam peti sejuk sehingga sehari. Ingatlah untuk membawa kembali ke suhu bilik sebelum dihidangkan.

50. Akar selada sayuran dengan labneh

BAHAN-BAHAN:
- 3 bit sederhana (1 lb / 450 g kesemuanya)
- 2 lobak merah sederhana (jumlah 9 oz / 250 g)
- ½ akar saderi (10 oz / 300 g kesemuanya)
- 1 kohlrabi sederhana (9 auns / 250 g kesemuanya)
- 4 sudu besar jus lemon yang baru diperah
- 4 sudu besar minyak zaitun
- 3 sudu besar cuka sherry
- 2 sudu kecil gula halus
- ¾ cawan / 25 g daun ketumbar, dicincang kasar
- ¾ cawan / 25 g daun pudina, dicincang
- ⅔ cawan / 20 g daun pasli daun rata, dicincang kasar
- ½ sudu besar kulit limau parut
- 1 cawan / 200 g labneh (dibeli di kedai atau lihat resipi)
- garam dan lada hitam yang baru dikisar
- Kupas semua sayur-sayuran dan potong nipis, kira-kira 1/16 cili api kecil , dicincang halus

ARAHAN:
a) Letakkan jus lemon, minyak zaitun, cuka, gula, dan 1 sudu teh garam dalam periuk kecil. Didihkan perlahan dan kacau sehingga gula dan garam larut. Keluarkan dari api.
b) Toskan jalur sayuran dan pindahkan ke tuala kertas untuk kering dengan baik. Keringkan mangkuk dan gantikan sayur-sayuran. Tuangkan dressing panas ke atas sayur-sayuran, gaul rata, dan biarkan sejuk. Letakkan di dalam peti sejuk selama sekurang-kurangnya 45 minit.
c) Apabila sedia untuk dihidangkan, masukkan herba, kulit lemon, dan 1 sudu teh lada hitam ke dalam salad. Gaul rata, rasa dan tambah garam jika perlu. Letakkan di atas pinggan hidangan dan hidangkan dengan sedikit labneh di sisi.

51. Tomato goreng dengan bawang putih

BAHAN-BAHAN:
- 3 ulas bawang putih besar, ditumbuk
- ½ cili api kecil, dicincang halus
- 2 sudu besar pasli daun rata yang dicincang
- 3 tomato besar, masak tetapi padat (jumlah kira-kira 1 lb / 450 g)
- 2 sudu besar minyak zaitun
- Maldon dan lada hitam yang baru dikisar
- roti desa, untuk dihidangkan

ARAHAN:
a) Campurkan bawang putih, cili, dan pasli cincang dalam mangkuk kecil dan ketepikan. Atas dan ekor tomato dan potong menegak ke dalam kepingan kira-kira ⅔ inci / 1.5 cm tebal.
b) Panaskan minyak dalam kuali besar dengan api sederhana. Masukkan hirisan tomato, perasakan dengan garam dan lada sulah, dan masak selama kira-kira 1 minit, kemudian terbalikkan, perasakan lagi dengan garam dan lada sulah, dan taburkan dengan campuran bawang putih. Teruskan memasak selama satu minit atau lebih, goncangkan kuali sekali-sekala, kemudian putar hirisan sekali lagi dan masak selama beberapa saat lagi, sehingga lembut tetapi tidak lembek.
c) Balikkan tomato ke atas pinggan hidangan, tuangkan jus dari kuali, dan hidangkan segera, disertai dengan roti.

52.Kembang kol goreng dengan tahini

BAHAN-BAHAN:
- 2 cawan / 500 ml minyak bunga matahari
- 2 kembang kol kepala sederhana (jumlah 2¼ lb / 1 kg), dibahagikan kepada kuntum kecil
- 8 biji bawang hijau, setiap satu dibahagikan kepada 3 bahagian panjang
- ¾ cawan / 180 g pes tahini ringan
- 2 ulas bawang putih, ditumbuk
- ¼ cawan / 15 g pasli daun rata, dicincang
- ¼ cawan / 15 g pudina cincang, ditambah tambahan untuk dihabiskan
- ⅔ cawan / 150 g yogurt Yunani
- ¼ cawan / 60ml jus lemon yang baru diperah, ditambah dengan kulit parut 1 lemon
- 1 sudu teh molase delima, ditambah tambahan untuk dihabiskan
- kira-kira ¾ cawan / 180 ml air
- Maldon dan lada hitam yang baru dikisar

ARAHAN:
a) Panaskan minyak bunga matahari dalam periuk besar yang diletakkan di atas api yang sederhana tinggi. Menggunakan sepasang penyepit logam atau sudu logam, letakkan beberapa kuntum kembang kol dengan berhati-hati pada satu masa ke dalam minyak dan masak selama 2 hingga 3 minit, terbalikkan supaya warnanya sekata. Setelah perang keemasan, gunakan sudu berlubang untuk mengangkat kuntum ke dalam colander untuk ditoskan. Taburkan dengan sedikit garam. Teruskan secara berkelompok sehingga anda menghabiskan semua kembang kol. Seterusnya, goreng bawang hijau secara berkelompok tetapi selama kira-kira 1 minit sahaja. Masukkan ke dalam bunga kobis. Biarkan kedua-duanya sejuk sedikit.
b) Tuangkan pes tahini ke dalam mangkuk adunan yang besar dan masukkan bawang putih, herba cincang, yogurt, jus lemon dan kulit, molase delima, dan sedikit garam dan lada sulah. Kacau rata dengan sudu kayu semasa anda menambah air. Sos tahini akan menjadi pekat dan kemudian longgar apabila anda menambah air. Jangan tambah terlalu banyak, hanya cukup untuk mendapatkan konsistensi yang tebal, namun licin, boleh dituangkan, sedikit seperti madu.
c) Masukkan kembang kol dan bawang hijau ke tahini dan kacau rata. Rasa dan sesuaikan perasa. Anda juga mungkin mahu menambah lebih banyak jus lemon.
d) Untuk menghidang, sudukan ke dalam mangkuk hidangan dan selesaikan dengan beberapa titis molase delima dan sedikit pudina.

53.Tabbouleh

BAHAN-BAHAN:
- ½ cawan / 30 g gandum bulgur halus
- 2 tomato besar, masak tetapi padat (jumlah 10½ oz / 300 g)
- 1 bawang merah, dicincang halus (jumlah 3 sudu besar / 30 g)
- 3 sudu besar jus lemon yang baru diperah, ditambah sedikit tambahan untuk dihabiskan
- 4 tandan besar pasli daun rata (jumlah 5½ oz / 160 g)
- 2 tandan pudina (1 oz / 30 g kesemuanya)
- 2 sudu kecil lada sulah
- 1 sudu kecil campuran rempah baharat (dibeli di kedai atau lihat resipi)
- ½ cawan / 80 ml minyak zaitun berkualiti tinggi
- biji kira-kira ½ buah delima besar (½ cawan / 70 g kesemuanya), pilihan
- garam dan lada hitam yang baru dikisar

ARAHAN:
a) Masukkan bulgur ke dalam ayak halus dan tuangkan di bawah air sejuk sehingga air yang keluar kelihatan jernih dan kebanyakan kanji telah dikeluarkan. Pindahkan ke mangkuk adunan besar.
b) Gunakan pisau bergerigi kecil untuk memotong tomato menjadi kepingan ¼ inci / tebal 0.5 cm. Potong setiap kepingan menjadi jalur ¼ inci / 0.5cm dan kemudian menjadi dadu. Masukkan tomato dan jusnya ke dalam mangkuk, bersama bawang merah dan jus lemon dan kacau rata.
c) Ambil beberapa tangkai pasli dan bungkusnya bersama-sama rapat. Gunakan pisau yang besar dan sangat tajam untuk memangkas kebanyakan batang dan buang. Sekarang gunakan pisau untuk bergerak ke atas batang dan daun, secara beransur-ansur "menyuap" pisau untuk mencincang pasli sehalus yang anda boleh dan cuba elakkan memotong kepingan yang lebih lebar daripada 1/16 inci / 1 mm. Masukkan ke dalam mangkuk.
d) Petik daun pudina dari batang, bungkus beberapa bersama-sama dengan ketat, dan carikkannya dengan halus seperti yang anda lakukan dengan pasli; jangan potong terlalu banyak kerana ia cenderung berubah warna. Masukkan ke dalam mangkuk.
e) Akhir sekali, masukkan lada sulah, baharat, minyak zaitun, delima, jika menggunakan, dan sedikit garam dan lada sulah. Rasa, dan tambah lebih banyak garam dan lada sulah jika anda suka, mungkin sedikit jus lemon, dan hidangkan.

54.Sabih

BAHAN-BAHAN:
- 2 terung besar (kira-kira 1⅔ lb / 750 g kesemuanya)
- kira-kira 1¼ cawan / 300 ml minyak bunga matahari
- 4 keping roti putih berkualiti baik, dibakar, atau pita mini segar dan lembap
- 1 cawan / 240 ml sos Tahini
- 4 biji telur jarak jauh yang besar, rebus, dikupas dan dipotong menjadi kepingan setebal ⅜ inci / 1cm atau dibelah empat
- kira-kira 4 sudu besar Zhoug
- amba atau acar mangga yang enak (pilihan)
- garam dan lada hitam yang baru dikisar

SALAD CINCANG
- 2 tomato masak sederhana, potong dadu ⅜ inci / 1cm (kira-kira 1 cawan / 200 g kesemuanya)
- 2 timun mini, potong dadu ⅜ inci / 1cm (kira-kira 1 cawan / 120 g kesemuanya)
- 2 biji bawang hijau, hiris nipis
- 1½ sudu besar pasli daun rata yang dicincang
- 2 sudu kecil jus lemon yang baru diperah
- 1½ sudu besar minyak zaitun

ARAHAN:

a) Gunakan pengupas sayuran untuk mengupas jalur kulit terung dari atas ke bawah, meninggalkan terung dengan jalur kulit hitam dan daging putih yang berselang-seli, seperti zebra. Potong kedua-dua terung mengikut lebar ke dalam kepingan 1 inci / 2.5 cm tebal. Taburkannya di kedua-dua belah dengan garam, kemudian sapukannya di atas loyang dan biarkan selama sekurang-kurangnya 30 minit untuk mengeluarkan sedikit air. Gunakan tuala kertas untuk mengelapnya.

b) Panaskan minyak bunga matahari dalam kuali yang luas. Berhati-hati—minyak tumpah—goreng hirisan terung secara berkelompok sehingga cantik dan gelap, putar sekali, 6 hingga 8 minit. Tambah minyak jika perlu semasa anda memasak batch. Apabila selesai, kepingan terung harus benar-benar lembut di tengah. Keluarkan dari kuali dan toskan pada tuala kertas.

c) Buat salad cincang dengan mencampurkan semua bahan dan perasa dengan garam dan lada sulah secukup rasa.

d) Sebelum dihidangkan, letakkan 1 keping roti atau pita pada setiap pinggan. Sudukan 1 sudu besar sos tahini ke atas setiap kepingan, kemudian susun hirisan terung di atas, bertindih. Gerimis di atas tahini lagi tetapi tanpa menutup hirisan terung sepenuhnya. Perasakan setiap hirisan telur dengan garam dan lada sulah dan susun di atas terung. Siramkan lagi tahini di atasnya dan sendukkan sebanyak zhoug yang anda suka; hati-hati, panas! Sudukan juga acar mangga, jika suka. Hidangkan salad sayuran di sebelah, sudukan sedikit di atas setiap hidangan jika dikehendaki.

SUP

55.Bissara (Sup Kacang Fava)

BAHAN-BAHAN:
- 2 cawan kacang fava kering, rendam semalaman
- 1 biji bawang, dicincang halus
- 3 ulas bawang putih, dikisar
- 1/4 cawan minyak zaitun
- 1 sudu kecil jintan manis
- Garam dan lada sulah secukup rasa
- Lemon wedges untuk dihidangkan

ARAHAN:
a) Toskan dan bilas kacang fava yang telah direndam.
b) Dalam periuk besar, tumis bawang merah dan bawang putih cincang dalam minyak zaitun sehingga kekuningan.
c) Masukkan kacang fava ke dalam periuk dan tutup dengan air.
d) Didihkan, kemudian kecilkan api dan reneh sehingga kacang empuk (kira-kira 1-2 jam).
e) Gunakan pengisar atau pengisar rendaman untuk memurnikan sup sehingga halus.
f) Masukkan jintan manis, garam, dan lada sulah secukup rasa. Laraskan konsistensi dengan air jika perlu.
g) Hidangkan panas dengan sedikit minyak zaitun dan hirisan lemon.

56.Shorbat Adas (Sup Lentil)

BAHAN-BAHAN:
- 1 cawan lentil merah, dibilas
- 1 biji bawang besar, cincang halus
- 2 lobak merah, potong dadu
- 2 ulas bawang putih, dikisar
- 1 sudu teh jintan kisar
- 1 sudu teh ketumbar kisar
- 6 cawan sup sayur atau ayam
- Minyak zaitun
- Garam dan lada sulah secukup rasa
- Lemon wedges untuk dihidangkan

ARAHAN:
a) Dalam periuk, tumis bawang merah dan bawang putih dalam minyak zaitun sehingga lembut.
b) Masukkan lentil, lobak merah, jintan putih, ketumbar, garam, dan lada sulah. Kacau hingga sebati.
c) Tuangkan kuahnya dan biarkan mendidih. Kecilkan api dan renehkan sehingga lentil lembut.
d) Kisar sup jika anda lebih suka konsistensi yang lebih halus. Hidangkan bersama perahan lemon.

57.Shorbat Freekeh (Sup Freekeh)

BAHAN-BAHAN:
- 1 cawan freekeh , dibilas
- 1 lb kambing atau ayam, dipotong dadu
- 1 biji bawang, dicincang halus
- 2 lobak merah, potong dadu
- 2 sudu besar minyak zaitun
- 6 cawan air atau sup
- Garam dan lada sulah secukup rasa
- Pasli segar untuk hiasan

ARAHAN:
a) Dalam periuk, tumis bawang dalam minyak zaitun sehingga lut sinar. Masukkan daging dan coklat.
b) Masukkan freekeh , lobak merah, garam dan lada sulah. Kacau hingga sebati.
c) Tuangkan air atau sup dan biarkan mendidih. Kecilkan api dan renehkan sehingga freekeh masak.
d) Hiaskan dengan pasli segar sebelum dihidangkan.

58.Shorbat Khodar (Sup Sayur)

BAHAN-BAHAN:
- 1 zucchini, potong dadu
- 2 lobak merah, potong dadu
- 1 kentang, potong dadu
- 1 biji bawang, dicincang halus
- 2 biji tomato, dicincang
- 2 sudu besar minyak zaitun
- 6 cawan sup sayur
- 1/2 cawan bihun atau pasta kecil
- Garam dan lada sulah secukup rasa
- Pudina segar untuk hiasan

ARAHAN:
a) Dalam periuk, tumis bawang dalam minyak zaitun sehingga lembut. Masukkan zucchini, lobak merah, dan kentang.
b) Masukkan tomato, sup, garam dan lada sulah. Biarkan mendidih.
c) Masukkan bihun dan masak sehingga sayur dan pasta empuk.
d) Hiaskan dengan pudina segar sebelum dihidangkan.

59.Bee t Kubbeh (Sup Kubbeh)

BAHAN-BAHAN:
UNTUK KUBBEH:
- 1 bawang kuning besar, dicincang sangat halus
- ¾ paun daging lembu kisar
- 1 sudu teh garam halal
- ½ sudu teh lada hitam yang baru dikisar, ditambah lagi secukup rasa
- 1 sudu kecil baharat
- ¼ cawan daun saderi dicincang (pilihan)
- 3 cawan tepung semolina halus
- 1 ½ cawan air, dibahagikan
- 1 sudu besar minyak kanola

UNTUK SUP:
- 1 sudu besar minyak kanola
- 1 biji bawang besar kuning, dihiris halus
- 3 bit besar, dikupas dan dipotong menjadi kepingan 1/2 inci
- 3 liter air
- 1 sudu besar gula pasir
- 4 sudu teh garam halal
- Lada hitam yang baru dikisar
- 3 sudu besar jus lemon segar, bahagikan
- Daun saderi dihiris (pilihan)

ARAHAN:

a) Buat inti kubbeh: Letakkan 1 bawang cincang dalam tuala dapur yang bersih. Bekerja di atas singki atau mangkuk, picit dan buang sebanyak mungkin cecair. Letakkan bawang dalam mangkuk besar. Masukkan daging lembu ke dalam mangkuk besar bersama-sama dengan garam, lada sulah, baharat dan daun saderi yang dicincang, jika digunakan. Gaulkan dengan tangan sehingga sebati, kemudian tutup mangkuk dan sejukkan selama 30 minit.

b) Buat patties kubbeh: Campurkan bersama 3 cawan tepung semolina, 1 cawan air, 1 sudu teh garam, dan 1 sudu besar minyak dalam mangkuk sederhana sehingga rata. Uli adunan dalam mangkuk hingga sebati sehingga membentuk doh yang lembap tetapi tidak melekit. Jika doh terasa melekit, uli dalam tepung semolina tambahan, 1 sudu teh pada satu masa. Jika doh terasa kering, tambah air tambahan, 1 sudu teh pada satu masa.

c) Potong doh kepada dua bahagian dan tutup salah satu daripadanya. Canai sekeping doh yang lain di atas permukaan kerja yang ditaburi sedikit tepung semolina, atau antara 2 keping kertas lilin sehingga tebal ⅛ inci. Potong kira-kira 2 ½ inci bulat dan letakkan kepingan yang dipotong pada sekeping kertas lilin. Gulung semula sekerap dan teruskan memotong bulat sehingga anda menghabiskan doh. Anda boleh menyusun bulatan yang dipotong di antara lapisan kertas lilin.

d) Gariskan loyang 1 hingga 2 helai dengan kertas parchment. Keluarkan inti kubbeh dari peti sejuk. Basahkan tangan anda mengikut keperluan untuk mengelakkan adunan daripada melekat, picit sekeping kecil isi kubbeh dan gulung perlahan-lahan menjadi bebola 1". Letakkan bebola isi kubbeh di tengah bulatan doh yang digulung dan picit untuk menutup hujungnya. Gulungkan bola perlahan-lahan di tangan anda ke dalam bola untuk memastikan daging disegel dalam doh. Letakkan pada kuali lembaran yang disediakan. Ulang canai, isi dan bentuk sehingga baki inti kubbeh dan doh habis digunakan. Jika merancang untuk memasak kubbeh ini dalam masa 12 jam, letakkan di dalam peti sejuk; jika menunggu lebih lama, bekukan kubbeh di atas loyang sehingga pejal, kira-kira

2 jam, kemudian pindahkan ke dalam bekas kedap udara dan bekukan sehingga siap masak.

e) Ulang langkah 2 hingga 4 sehingga semua adunan dan campuran daging telah digunakan.

f) Buat sup: Dalam periuk besar, panaskan 1 sudu besar minyak di atas api sederhana. Tumis 1 bawang cincang sehingga lut sinar, kira-kira 4 minit. Masukkan bit dan tumis sehingga lembut, kira-kira 7 hingga 8 minit. Masukkan air, separuh daripada jus lemon, gula, garam, lada sulah, dan daun saderi jika digunakan, dan biarkan adunan mendidih. Perlahan-lahan jatuhkan kubbeh ke dalam sup, kecilkan api kepada perlahan, dan tutup periuk. Reneh sehingga kubbeh dan bit masak, kira-kira 50 minit.

g) Perasakan sup dengan lebih banyak garam dan lada sulah secukup rasa. Masukkan baki jus lemon dan hidangkan sup dengan beberapa kubbeh setiap hidangan dengan segera.

60.Shortbat Khodar (Sup Sayur)

BAHAN-BAHAN:
- 1 bawang, dicincang
- 2 lobak merah, potong dadu
- 2 zucchini , potong dadu
- 1 kentang, potong dadu
- 1/2 cawan kacang hijau, dicincang
- 1/4 cawan lentil
- 1 sudu teh jintan kisar
- 1 sudu teh ketumbar kisar
- 6 cawan sup sayur
- Pasli segar, dicincang (untuk hiasan)
- Minyak zaitun untuk gerimis
- Garam dan lada sulah secukup rasa

ARAHAN:
a) Dalam periuk, tumis bawang sehingga lut sinar.
b) Masukkan lobak merah, zucchini, kentang, kacang hijau, lentil, jintan, dan ketumbar. Kacau hingga sebati.
c) Tuangkan sup sayur-sayuran dan biarkan mendidih. Kecilkan api dan renehkan sehingga sayur empuk.
d) Perasakan dengan garam dan lada sulah. Hiaskan dengan pasli segar dan gerimis dengan minyak zaitun sebelum dihidangkan.

61. Shurbah Sayur

BAHAN-BAHAN:
- 2 sudu besar minyak sayuran
- 1 biji bawang, dicincang halus
- 2 lobak merah, kupas dan potong dadu
- 2 biji kentang, kupas dan potong dadu
- 1 zucchini, potong dadu
- 1 cawan kacang hijau, dicincang
- 2 biji tomato, potong dadu
- 3 ulas bawang putih, dikisar
- 1 sudu teh jintan kisar
- 1 sudu teh ketumbar kisar
- 1 sudu teh kunyit kisar
- Garam dan lada sulah secukup rasa
- 6 cawan sup sayur
- 1/2 cawan bihun atau pasta kecil
- Pasli segar untuk hiasan

ARAHAN:
a) Dalam periuk besar, panaskan minyak sayuran di atas api sederhana. Masukkan bawang besar dan bawang putih kisar, tumis hingga layu.
b) Masukkan lobak merah, kentang, zucchini, kacang hijau, dan tomato yang dipotong dadu ke dalam periuk. Masak selama kira-kira 5 minit, kacau sekali-sekala.
c) Taburkan jintan putih, ketumbar, kunyit, garam dan lada sulah di atas sayur-sayuran. Kacau rata untuk menyaluti sayur dengan rempah ratus.
d) Tuangkan sup sayur-sayuran dan biarkan adunan mendidih. Setelah mendidih, kecilkan api dan biarkan masak selama kira-kira 15-20 minit atau sehingga sayur-sayuran empuk.
e) Masukkan bihun atau pasta kecil ke dalam periuk dan masak mengikut arahan pakej sehingga al dente.
f) Laraskan perasa jika perlu dan biarkan sup mereneh selama 5 minit tambahan untuk membenarkan rasa sebati.
g) Hidangkan panas, dihiasi dengan pasli segar.

62. selada air dan kacang ayam dengan air mawar

BAHAN-BAHAN:
- 2 lobak merah sederhana (jumlah 9 oz / 250 g), potong dadu ¾ inci / 2cm
- 3 sudu besar minyak zaitun
- 2½ sudu kecil ras el hanout
- ½ sudu kecil kayu manis tanah
- 1½ cawan / 240 g kacang ayam masak, segar atau dalam tin
- 1 bawang sederhana, dihiris nipis
- 2½ sudu besar / 15 g halia segar yang dikupas dan dicincang halus
- 2½ cawan / 600 ml stok sayuran
- 7 oz / 200 g selada air
- 3½ oz / 100 g daun bayam
- 2 sudu kecil gula halus
- 1 sudu kecil air mawar
- garam
- Yogurt Yunani, untuk dihidangkan (pilihan)
- Panaskan ketuhar kepada 425°F / 220°C.

ARAHAN

a) Campurkan lobak merah dengan 1 sudu besar minyak zaitun, ras el hanout , kayu manis dan secubit garam dan ratakan dalam kuali panggang yang dialas dengan kertas minyak. Letakkan dalam ketuhar selama 15 minit, kemudian masukkan separuh kacang ayam, kacau rata, dan masak selama 10 minit lagi, sehingga lobak merah lembut tetapi masih mempunyai gigitan.

b) Sementara itu, letakkan bawang dan halia dalam periuk besar. Tumis dengan baki minyak zaitun selama kira-kira 10 minit dengan api sederhana, sehingga bawang benar-benar lembut dan keemasan. Masukkan baki kacang ayam, stok, selada air, bayam, gula, dan ¾ sudu teh garam, kacau rata, dan biarkan mendidih. Masak selama satu atau dua minit, hanya sehingga daun layu.

c) Menggunakan pemproses makanan atau pengisar, blitz sup sehingga halus. Masukkan air mawar, kacau, rasa, dan tambah garam atau air mawar jika suka. Ketepikan sehingga lobak merah dan kacang ayam siap, kemudian panaskan semula untuk dihidangkan.

d) Untuk menghidangkan, bahagikan sup antara empat mangkuk dan atasnya dengan lobak merah panas dan kacang ayam dan, jika anda suka, kira-kira 2 sudu teh yogurt setiap bahagian.

63. Yogurt panas dan sup barli

BAHAN-BAHAN:
- 6¾ cawan / 1.6 liter air
- 1 cawan / 200 g barli mutiara
- 2 bawang sederhana, dicincang halus
- 1½ sudu teh pudina kering
- 4 sudu besar / 60 g mentega tanpa garam
- 2 biji telur besar, dipukul
- 2 cawan / 400 g yogurt Yunani
- ⅔ oz / 20 g pudina segar, dicincang
- ⅓ oz / 10 g pasli daun rata, dicincang
- 3 biji bawang hijau, hiris nipis
- garam dan lada hitam yang baru dikisar

ARAHAN

a) Didihkan air dengan barli dalam periuk besar, tambah 1 sudu teh garam, dan reneh sehingga barli masak tetapi masih al dente, 15 hingga 20 minit. Keluarkan dari api. Setelah masak, anda memerlukan 4¾ cawan / 1.1 liter cecair memasak untuk sup; tambahkan dengan air jika anda tinggal dengan lebih sedikit kerana penyejatan.

b) Semasa barli memasak, tumis bawang dan pudina kering dengan api sederhana dalam mentega sehingga lembut, kira-kira 15 minit. Tambah ini kepada barli yang dimasak.

c) Pukul bersama telur dan yogurt dalam mangkuk adunan kalis haba yang besar. Perlahan-lahan campurkan sedikit barli dan air, satu sudu pada satu masa, sehingga yogurt telah hangat. Ini akan meredakan yogurt dan telur dan menghalangnya daripada membelah apabila ditambah kepada cecair panas.

d) Masukkan yogurt ke dalam periuk sup dan kembalikan ke api sederhana, kacau berterusan, sehingga sup menjadi reneh yang sangat ringan. Keluarkan dari api, masukkan herba cincang dan bawang hijau dan semak perasa.

e) Hidangkan panas.

64.Sup Pistachio

BAHAN-BAHAN:
- 2 sudu besar air mendidih
- ¼ sudu kecil benang kunyit
- 1⅔ cawan / 200 g pistachio tanpa garam bercengkerang
- 2 sudu besar / 30 g mentega tanpa garam
- 4 bawang merah, dicincang halus (jumlah 3½ oz / 100 g)
- 1 oz / 25 g halia, dikupas dan dicincang halus
- 1 daun bawang, dicincang halus (1¼ cawan / 150 g kesemuanya)
- 2 sudu kecil jintan halus
- 3 cawan / 700 ml stok sayuran
- ⅓ cawan / 80 ml jus oren yang baru diperah
- 1 sudu besar jus lemon yang baru diperah
- garam dan lada hitam yang baru dikisar
- krim masam, untuk berkhidmat

ARAHAN:
a) Panaskan ketuhar kepada 350°F / 180°C. Tuangkan air mendidih ke atas benang kunyit dalam cawan kecil dan biarkan meresap selama 30 minit.
b) Untuk mengeluarkan kulit pistachio, rebus kacang dalam air mendidih selama 1 minit, toskan, dan semasa masih panas, keluarkan kulit dengan menekan kacang di antara jari anda. Tidak semua kulit akan terkeluar seperti dengan badam—ini tidak mengapa kerana ia tidak akan menjejaskan sup—tetapi menyingkirkan sesetengah kulit akan meningkatkan warna, menjadikannya hijau lebih cerah. Sapukan pistachio di atas loyang dan panggang dalam ketuhar selama 8 minit. Angkat dan biarkan sejuk.
c) Panaskan mentega dalam periuk besar dan masukkan bawang merah, halia, daun bawang, jintan manis, ½ sudu teh garam, dan sedikit lada hitam. Tumis dengan api sederhana selama 10 minit, kacau selalu, sehingga bawang merah benar-benar lembut. Masukkan stok dan separuh daripada cecair kunyit. Tutup kuali, kecilkan api, dan biarkan sup mendidih selama 20 minit.
d) Letakkan semua kecuali 1 sudu besar pistachio dalam mangkuk besar bersama separuh daripada sup. Gunakan pengisar pegang tangan untuk blitz sehingga licin dan kemudian kembalikan ini ke dalam periuk. Masukkan jus oren dan lemon, panaskan semula, dan rasa untuk menyesuaikan perasa.
e) Untuk menghidang, cincang kasar pistachio yang telah dikhaskan. Pindahkan sup panas ke dalam mangkuk dan tutup dengan sesudu krim masam. Taburkan dengan pistachio dan renjiskan dengan baki cecair kunyit.

65. Terung Bakar dan Sup Mograbieh

BAHAN-BAHAN:
- 5 biji terung kecil (kira-kira 2½ lb / 1.2 kg kesemuanya)
- minyak bunga matahari, untuk menggoreng
- 1 bawang, dihiris (kira-kira 1 cawan / 125 g kesemuanya)
- 1 sudu besar biji jintan manis, baru dikisar
- 1½ sudu kecil pes tomato
- 2 tomato besar (12 oz / 350 g kesemuanya), kulit dan potong dadu
- 1½ cawan / 350 ml stok sayuran
- 1⅔ cawan / 400 ml air
- 4 ulas bawang putih, ditumbuk
- 2½ sudu kecil gula
- 2 sudu besar jus lemon yang baru diperah
- ⅓ cawan / 100 g mograbieh, atau alternatif, seperti maftoul, fregola atau couscous gergasi (lihat bahagian tentang Couscous)
- 2 sudu besar selasih yang dicincang, atau 1 sudu besar dill cincang, pilihan
- garam dan lada hitam yang baru dikisar

ARAHAN:

a) Mulakan dengan membakar tiga biji terung. Untuk melakukan ini, ikut arahan untuk Terung Bakar dengan bawang putih, lemon dan biji delima .

b) Potong baki terung ke dalam dadu ⅔ inci / 1.5cm. Panaskan kira-kira ⅔ cawan / 150 ml minyak dalam periuk besar di atas api yang sederhana tinggi. Bila dah panas masukkan dadu terung. Goreng selama 10 hingga 15 minit, kacau selalu, sehingga berwarna seluruhnya; tambah sedikit lagi minyak jika perlu supaya sentiasa ada sedikit minyak dalam kuali. Keluarkan terung, letakkan dalam colander untuk longkang, dan taburkan dengan garam.

c) Pastikan anda mempunyai baki 1 sudu besar minyak dalam kuali, kemudian masukkan bawang dan jintan putih dan tumis selama kira-kira 7 minit, kacau selalu. Masukkan pes tomato dan masak selama satu minit lagi sebelum masukkan tomato, stok, air, bawang putih, gula, jus lemon, 1½ sudu teh garam dan sedikit lada hitam. Reneh perlahan-lahan selama 15 minit.

d) Sementara itu, masak periuk kecil air masin hingga mendidih dan masukkan mograbieh atau alternatif. Masak sehingga al dente; ini akan berbeza mengikut jenama tetapi perlu mengambil masa 15 hingga 18 minit (semak paket). Toskan dan segarkan di bawah air sejuk.

e) Pindahkan daging terung hangus ke sup dan blitz kepada cecair licin dengan pengisar pegang tangan. Masukkan mograbieh dan terung goreng, simpan sedikit untuk hiasan pada akhirnya, dan reneh selama 2 minit lagi. Rasa dan sesuaikan perasa. Hidangkan panas, dengan mograbieh dan terung goreng di atasnya dan dihiasi dengan selasih atau dill, jika anda suka.

66. Sup tomato dan asam keping

BAHAN-BAHAN:
- 2 sudu besar minyak zaitun, ditambah tambahan untuk dihabiskan
- 1 bawang besar, dicincang (1⅔ cawan / 250 g kesemuanya)
- 1 sudu kecil biji jintan manis
- 2 ulas bawang putih, ditumbuk
- 3 cawan / 750 ml stok sayuran
- 4 tomato masak besar, dicincang (4 cawan / 650 g kesemuanya)
- satu 14-oz / 400g tin tomato Itali yang dicincang
- 1 sudu besar gula halus
- 1 keping roti masam (1½ auns / 40 g kesemuanya)
- 2 sudu besar ketumbar cincang, ditambah tambahan untuk dihabiskan
- garam dan lada hitam yang baru dikisar

ARAHAN:

a) Panaskan minyak dalam periuk sederhana dan masukkan bawang besar. Tumis selama kira-kira 5 minit, kacau selalu, sehingga bawang lut sinar. Masukkan jintan putih dan bawang putih dan goreng selama 2 minit. Tuangkan dalam stok, kedua-dua jenis tomato, gula, 1 sudu teh garam, dan kisar lada hitam yang baik.

b) Bawa sup ke dalam reneh lembut dan masak selama 20 minit, masukkan roti, koyak menjadi kepingan, separuh masa memasak.

c) Akhir sekali, masukkan ketumbar dan kemudian blitz, menggunakan pengisar, dalam beberapa denyutan supaya tomato pecah tetapi masih sedikit kasar dan ketul. Sup hendaklah agak tebal; tambah sedikit air jika terlalu pekat pada ketika ini. Hidangkan, disiram dengan minyak dan ditaburkan dengan ketumbar segar.

SALAD

67. Salad Tomato dan Timun

BAHAN-BAHAN:
- 4 biji tomato, potong dadu
- 2 timun, potong dadu
- 1 biji bawang merah, dihiris halus
- 1 cili hijau, dihiris halus
- Ketumbar segar, dicincang
- Jus 2 biji limau
- Garam dan lada sulah secukup rasa

ARAHAN:
a) Satukan tomato, timun, bawang merah, cili hijau, dan ketumbar dalam mangkuk.
b) Masukkan jus lemon, garam, dan lada sulah. Tos hingga sebati.
c) Sejukkan dalam peti ais selama sejam sebelum dihidangkan.

68. Salad Chickpea (Salatat Hummus)

BAHAN-BAHAN:
- 2 cawan kacang ayam masak
- 1 timun, potong dadu
- 1 biji tomato, potong dadu
- 1/2 biji bawang merah, dihiris halus
- 1/4 cawan pudina segar yang dicincang
- 1/4 cawan pasli segar yang dicincang
- Jus 1 lemon
- 2 sudu besar minyak zaitun
- Garam dan lada sulah, secukup rasa

ARAHAN:
a) Dalam mangkuk, satukan kacang ayam, timun, tomato, bawang merah, pudina dan pasli.
b) Siram dengan jus lemon dan minyak zaitun.
c) Perasakan dengan garam dan lada sulah.
d) Toskan salad dengan baik dan hidangkan sejuk.

69.Salad Tabbouleh

BAHAN-BAHAN:
- 1 cawan gandum bulgur, direndam dalam air panas selama 1 jam
- 2 cawan pasli segar, dicincang halus
- 1 cawan daun pudina segar, dicincang halus
- 4 biji tomato, potong dadu halus
- 1 biji timun, potong dadu halus
- 1/2 cawan bawang merah, dicincang halus
- Jus 3 biji limau
- Minyak zaitun
- Garam dan lada sulah secukup rasa

ARAHAN:
a) Toskan bulgur yang telah direndam dan letakkan di dalam mangkuk besar.
b) Masukkan pasli cincang, pudina, tomato, timun, dan bawang merah.
c) Dalam mangkuk kecil, pukul bersama jus lemon dan minyak zaitun. Tuangkan ke atas salad.
d) Perasakan dengan garam dan lada sulah. Kacau rata dan sejukkan sekurang-kurangnya 30 minit sebelum dihidangkan.

70.Salad Fattoush

BAHAN-BAHAN:
- 2 cawan campuran sayur-sayuran salad (salad, arugula, radicchio)
- 1 timun, potong dadu
- 2 biji tomato, potong dadu
- 1 lada benggala merah, dicincang
- 1/2 cawan lobak, dihiris
- 1/4 cawan daun pudina segar, dicincang
- 1/4 cawan pasli segar, dicincang
- 1/4 cawan minyak zaitun
- Jus 1 lemon
- 1 sudu teh sumac
- Garam dan lada sulah secukup rasa
- Roti pita, dibakar dan dipecahkan

ARAHAN:
a) Dalam mangkuk besar, gabungkan sayur-sayuran salad, timun, tomato, lada benggala, lobak, pudina dan pasli.
b) Dalam mangkuk kecil, pukul bersama minyak zaitun, jus lemon, sumac, garam dan lada.
c) Tuangkan dressing ke atas salad dan gaul hingga sebati.
d) Teratas dengan kepingan roti pita panggang sebelum dihidangkan.

71.Salad Kembang Kol, Kacang, dan Beras

BAHAN-BAHAN:
UNTUK SALAD:
- 1 cawan beras basmati yang dimasak, disejukkan
- 1 kepala kecil bunga kobis, dipotong menjadi kuntum
- 1 tin (15 oz) kacang ginjal, toskan dan bilas
- 1/2 cawan pasli segar yang dicincang
- 1/4 cawan daun pudina segar dicincang
- 1/4 cawan hirisan bawang hijau

UNTUK BERPAKAIAN:
- 3 sudu besar minyak zaitun
- 2 sudu besar jus lemon
- 1 sudu teh jintan kisar
- 1 sudu teh ketumbar kisar
- Garam dan lada sulah secukup rasa

ARAHAN:
a) Panaskan ketuhar hingga 400°F (200°C).
b) Gaulkan bunga kobis bunga dengan sedikit minyak zaitun, garam dan lada sulah.
c) Sapukan di atas loyang dan panggang selama kira-kira 20-25 minit atau sehingga perang keemasan dan lembut. Biarkan ia sejuk.
d) Masak nasi basmati mengikut arahan pakej. Setelah masak, biarkan sejuk pada suhu bilik.
e) Dalam mangkuk kecil, pukul bersama minyak zaitun, jus lemon, jintan halus, ketumbar kisar, garam dan lada sulah. Sesuaikan perasa mengikut citarasa anda.
f) Dalam mangkuk salad yang besar, gabungkan nasi yang telah disejukkan, kembang kol panggang, kacang ginjal, pasli cincang, pudina cincang dan hirisan bawang hijau.
g) Tuangkan dressing ke atas bahan salad dan toskan perlahan-lahan sehingga semuanya bersalut.
h) Sejukkan salad selama sekurang-kurangnya 30 minit sebelum dihidangkan untuk membolehkan rasa bercampur.
i) Hidangkan sejuk dan hiaskan dengan herba segar tambahan jika dikehendaki.

72.Salad Kurma dan Walnut

BAHAN-BAHAN:
- 1 cawan campuran sayur salad
- 1 cawan kurma, diadu dan dicincang
- 1/2 cawan walnut, dicincang
- 1/4 cawan keju feta, hancur
- Balsamic vinaigrette dressing

ARAHAN:
a) Susun sayur salad di atas pinggan hidangan.
b) Taburkan kurma cincang, walnut dan keju feta yang hancur di atas sayur-sayuran.
c) Siram dengan balsamic vinaigrette dressing.
d) Tos perlahan-lahan sebelum dihidangkan.

73.Salad lobak merah dan oren

BAHAN-BAHAN:
- 4 cawan lobak merah yang dicincang
- 2 biji oren, kupas dan belah
- 1/4 cawan kismis
- 1/4 cawan pistachio cincang
- Pembalut vinaigrette oren

ARAHAN:
a) Dalam mangkuk besar, satukan lobak merah yang dicincang, bahagian oren, kismis dan pistachio.
b) Siram dengan dressing vinaigrette oren.
c) Kacau rata dan sejukkan sekurang-kurangnya 30 minit sebelum dihidangkan.

PENJERAHAN

74. Knafeh

BAHAN-BAHAN:
- 1 lb doh kataifi (doh phyllo dicincang)
- 1 cawan mentega tanpa garam, cair
- 2 cawan keju akkawi, dicincang (atau mozzarella)
- 1 cawan sirap ringkas (gula dan air)
- Pistachio dihancurkan untuk hiasan

ARAHAN:
a) Gaulkan doh kataifi dengan mentega cair dan tekan separuh ke dalam loyang.
b) Taburkan keju yang dicincang ke atas doh.
c) Tutup dengan baki doh kataifi dan bakar hingga kekuningan.
d) Tuangkan sirap ringkas ke atas knafeh panas dan hiaskan dengan pistachio yang dihancurkan.

75. Atayef

BAHAN-BAHAN:
- 2 cawan tepung serba guna
- 1 sudu besar gula
- 1 sudu kecil serbuk penaik
- 1 cawan air
- 1 cawan keju manis atau kacang (untuk mengisi)
- Sirap ringkas untuk menyiram

ARAHAN:
a) Campurkan tepung, gula, serbuk penaik, dan air untuk membuat adunan.
b) Pada griddle panas, tuang bulatan kecil adunan untuk membuat penkek mini.
c) Letakkan satu sudu keju manis atau kacang di tengah setiap pancake.
d) Lipat pancake separuh, tutup tepi, dan goreng sehingga keemasan.
e) Siram dengan sirap ringkas sebelum dihidangkan.

76. Basbousa (Revani)

BAHAN-BAHAN:
- 1 cawan semolina
- 1 cawan yogurt biasa
- 1 cawan kelapa kering
- 1 cawan gula
- 1/2 cawan mentega tanpa garam, cair
- 1 sudu kecil serbuk penaik
- 1/4 cawan badam rebus (untuk hiasan)
- Sirap ringkas

ARAHAN:
a) Dalam mangkuk, campurkan semolina, yogurt, kelapa, gula, mentega cair, dan serbuk penaik.
b) Tuangkan adunan ke dalam loyang yang telah digris dan ratakan bahagian atasnya.
c) Bakar sehingga perang keemasan. Semasa masih panas, potong bentuk berlian atau empat segi.
d) Hiaskan dengan badam yang dicelur dan tuangkan sirap ringkas ke atas basbousa yang hangat.

77. Tamriyeh (Kuki Isi Kurma)

BAHAN-BAHAN:
- 2 cawan tepung serba guna
- 1 cawan mentega tanpa garam, dilembutkan
- 1 cawan kurma, diadu dan dicincang
- 1/2 cawan walnut cincang
- 1/4 cawan gula
- 1 sudu teh kayu manis tanah
- Gula serbuk untuk habuk

ARAHAN:
a) Dalam mangkuk, satukan tepung dan mentega lembut untuk membuat doh.
b) Dalam mangkuk yang berasingan, campurkan kurma, walnut, gula, dan kayu manis untuk inti.
c) Ambil bahagian kecil doh, ratakan, dan letakkan satu sudu bancuhan kurma di tengah.
d) Lipat doh di atas inti, kedap tepi, dan bentuk menjadi bulan sabit.
e) Bakar hingga kekuningan, kemudian taburkan dengan gula halus sebelum dihidangkan.

78.Qatayef

BAHAN-BAHAN:
- 2 cawan tepung serba guna
- 1 sudu kecil serbuk penaik
- 1 sudu besar gula
- 1 1/2 cawan air
- 1 cawan keju manis atau kacang (untuk mengisi)
- Sirap ringkas untuk menyiram
- Pistachio dihancurkan untuk hiasan

ARAHAN:

a) Campurkan tepung, serbuk penaik, gula, dan air untuk membuat adunan.

b) Pada griddle panas, tuang bulatan kecil adunan untuk membuat penkek.

c) Letakkan satu sudu keju manis atau kacang di tengah dan lipat penkek menjadi dua, menutup tepinya.

d) Bakar hingga kekuningan. Siram dengan sirap ringkas dan hiaskan dengan pistachio yang dihancurkan.

79.Harisseh

BAHAN-BAHAN:
- 1 cawan semolina
- 1 cawan yogurt biasa
- 1/2 cawan gula
- 1/4 cawan mentega yang telah dijelaskan (ghee)
- 1/4 cawan kelapa kering
- 1 sudu kecil serbuk penaik
- Sirap ringkas untuk menyiram
- Badam untuk hiasan

ARAHAN:

a) Campurkan semolina, yogurt, gula, mentega cair, kelapa kering, dan serbuk penaik.

b) Tuangkan adunan ke dalam loyang yang telah digris dan ratakan bahagian atasnya.

c) Bakar sehingga perang keemasan. Semasa masih suam, potong empat segi dan siram dengan sirap ringkas.

d) Hiaskan dengan badam.

80. Sesame Almond Squares

BAHAN-BAHAN:
- 1 cawan biji bijan panggang
- 1 cawan gula
- 1/4 cawan air
- 1 cawan badam yang dicelur, dicincang
- 1 sudu besar air mawar (pilihan)

ARAHAN:
a) Dalam kuali, panggang biji bijan sehingga perang keemasan.
b) Dalam kuali yang berasingan, satukan gula dan air untuk membuat sirap.
c) Masukkan bijan, badam, dan air mawar ke dalam sirap. Gaul sebati.
d) Tuangkan adunan ke dalam loyang yang telah digris, biarkan sejuk dan potong segi empat sama.

81. Awameh

BAHAN-BAHAN:
- 2 cawan tepung serba guna
- 1 sudu besar yogurt
- 1 sudu kecil serbuk penaik
- Air (mengikut keperluan)
- Minyak sayuran untuk menggoreng
- Sirap mudah untuk direndam

ARAHAN:
a) Campurkan tepung, yogurt, dan serbuk penaik. Masukkan air secara beransur-ansur untuk membuat adunan pekat.
b) Panaskan minyak dalam kuali yang dalam. Titiskan bahagian kecil adunan ke dalam minyak panas menggunakan sudu.
c) Goreng sehingga perang keemasan, kemudian rendam dalam sirap ringkas selama beberapa minit.
d) Hidangkan awameh hangat-hangat.

82. Kuih Mawar (Qurabiya)

BAHAN-BAHAN:
- 2 cawan semolina
- 1 cawan minyak sapi, cair
- 1 cawan gula tepung
- 1 sudu teh air mawar
- Pistachio cincang untuk hiasan

ARAHAN:
a) Dalam mangkuk, campurkan semolina, minyak sapi cair, gula tepung, dan air mawar untuk membentuk doh.
b) Bentukkan doh menjadi biskut kecil.
c) Letakkan biskut di atas loyang.
d) Bakar dalam ketuhar yang telah dipanaskan pada 350°F (175°C) selama kira-kira 15-20 minit atau sehingga kekuningan.
e) Hiaskan dengan pistachio cincang dan biarkan ia sejuk sebelum dihidangkan.

83. Tart Pisang dan Kurma

BAHAN-BAHAN:
- 1 helai puff pastry siap
- 3 biji pisang masak, dihiris
- 1 cawan kurma, diadu dan dicincang
- 1/2 cawan madu
- Kacang cincang untuk hiasan

ARAHAN:
a) Canai lembaran puff pastry dan letak dalam kuali tart.
b) Susun hirisan pisang dan kurma yang dihiris pada pastri.
c) Siramkan madu ke atas buah-buahan.
d) Bakar dalam ketuhar yang telah dipanaskan pada 375°F (190°C) selama kira-kira 20-25 minit atau sehingga pastri berwarna keemasan.
e) Hiaskan dengan kacang cincang sebelum dihidangkan.

84. Aiskrim Saffron

BAHAN-BAHAN:
- 2 cawan krim berat
- 1 cawan susu pekat
- 1/2 cawan gula
- 1 sudu kecil benang kunyit, rendam dalam air suam
- Pistachio cincang untuk hiasan

ARAHAN:
a) Dalam mangkuk, pukul krim kental sehingga puncak kaku terbentuk.
b) Dalam mangkuk yang berasingan, campurkan susu pekat, gula, dan air yang diselitkan kunyit.
c) Masukkan campuran susu pekat perlahan-lahan ke dalam krim putar.
d) Pindahkan campuran ke dalam bekas dan beku selama sekurang-kurangnya 4 jam.
e) Hiaskan dengan pistachio cincang sebelum dihidangkan.

85. Krim Karamel (Muhallabia)

BAHAN-BAHAN:
- 1/2 cawan tepung beras
- 4 cawan susu
- 1 cawan gula
- 1 sudu teh air mawar
- 1 sudu teh air bunga oren
- Pistachio cincang untuk hiasan

ARAHAN:
a) Dalam periuk, larutkan tepung beras dalam sedikit susu untuk menghasilkan pes yang licin.
b) Dalam periuk berasingan, panaskan baki susu dan gula dengan api sederhana.
c) Masukkan pes tepung beras ke dalam adunan susu, kacau berterusan sehingga adunan pekat.
d) Angkat dari api dan kacau dalam air mawar dan air bunga oren.
e) Tuangkan adunan ke dalam hidangan hidangan dan biarkan ia sejuk.
f) Sejukkan sehingga set.
g) Hiaskan dengan pistachio cincang sebelum dihidangkan.

86. Mamoul dengan Kurma

BAHAN-BAHAN:
UNTUK doh:
- 3 cawan semolina
- 1 cawan tepung serba guna
- 1 cawan mentega tanpa garam, cair
- 1/2 cawan gula pasir
- 1/4 cawan air mawar atau air bunga oren
- 1/4 cawan susu
- 1 sudu teh serbuk penaik

UNTUK PENGISIAN TARIKH:
- 2 cawan kurma yang diadu, dicincang
- 1/2 cawan air
- 1 sudu besar mentega
- 1 sudu teh kayu manis tanah

UNTUK BERHABU (PILIHAN):
- Gula serbuk untuk habuk

ARAHAN:
PENGISIAN TARIKH:
a) Dalam periuk, satukan kurma cincang, air, mentega, dan kayu manis yang dikisar.
b) Masak dengan api sederhana, kacau sentiasa, sehingga kurma lembut dan adunan menjadi pekat seperti pes.
c) Keluarkan dari haba dan biarkan ia sejuk.

DOugh MAMOUL:
d) Dalam mangkuk adunan yang besar, satukan semolina, tepung serba guna dan serbuk penaik.
e) Masukkan mentega cair ke dalam adunan tepung dan gaul rata.
f) Dalam mangkuk yang berasingan, satukan gula, air mawar (atau air bunga oren), dan susu. Kacau sehingga gula larut.
g) Masukkan adunan cecair ke dalam adunan tepung dan uli sehingga mendapat doh yang licin. Jika adunan terlalu rapuh, boleh tambah sedikit mentega atau susu cair.
h) Tutup doh dan biarkan selama lebih kurang 30 minit hingga sejam.

MENGASINGKAN MAMOUL COOKIES:
i) Panaskan ketuhar anda hingga 350°F (175°C).
j) Ambil sedikit bahagian doh dan bentukkan menjadi bebola. Ratakan bola di tangan anda dan letakkan sedikit isi kurma di tengah.
k) Masukkan inti dengan doh, bentukkan ia menjadi bebola licin atau bentuk kubah. Anda boleh menggunakan acuan Mamoul untuk hiasan jika ada.
l) Letakkan biskut yang telah diisi di atas loyang yang dialas dengan kertas parchment.
m) Bakar selama 15-20 minit atau sehingga bahagian bawah berwarna perang keemasan. Bahagian atas mungkin tidak banyak berubah warna.
n) Benarkan kuki sejuk di atas loyang selama beberapa minit sebelum memindahkannya ke rak dawai untuk menyejukkan sepenuhnya.

HABUK PILIHAN:
o) Setelah biskut Mamoul benar-benar sejuk, anda boleh taburkannya dengan gula tepung.

87. Namora Syria

BAHAN-BAHAN:
- 200g Mentega (dicairkan)
- 225g Gula
- 3 Cawan (500g) Yoghurt
- 3 Cawan (600g) Semolina (2.5 Cawan Semolina Kasar dan 0.5 Cawan Semolina Halus)
- 3 sudu besar kelapa (dikisar halus)
- 2 sudu kecil serbuk penaik
- 1 sudu besar Air Mawar atau Orange Blossom Sugar Syrup

ARAHAN:
SIRAP GULA:
a) Dalam periuk, satukan 1 cawan gula, ½ cawan air, dan 1 sudu teh jus lemon.
b) Rebus campuran selama 5 hingga 7 minit dengan api sederhana, kemudian biarkan ia sejuk.

NAMORA:
c) Campurkan mentega cair dan gula, pukul sehingga sebati.
d) Masukkan yogurt ke dalam adunan dan pukul lagi sehingga sebati.
e) Kacau dalam kedua-dua semolina kasar dan halus, serbuk penaik, kelapa, dan air mawar. Gaul sehingga mendapat adunan yang licin.
f) Tuangkan adunan ke dalam loyang kek cawan. Secara pilihan, hiaskan kek cawan dengan kepingan badam.
g) Bakar adunan dalam ketuhar yang telah dipanaskan pada suhu 180 darjah celcius selama 15 hingga 20 minit atau sehingga perang keemasan.
h) Semasa kek cawan di dalam ketuhar, sediakan sirap gula.
i) Setelah kek cawan dibakar, tuangkan sirap gula ke atasnya semasa ia masih suam. Ini akan menjadikan mereka lembap dan berperisa.

88. Brownies Kurma Syria

BAHAN-BAHAN:
UNTUK TAMPAL TARIKH:
- 2 cawan biji kurma, sebaiknya Medjool
- 1/2 cawan air
- 1 sudu teh jus lemon

UNTUK BATTER BROWNIE:
- 1/2 cawan mentega tanpa garam, cair
- 1 cawan gula pasir
- 2 biji telur besar
- 1 sudu teh ekstrak vanila
- 1/2 cawan tepung serba guna
- 1/3 cawan serbuk koko tanpa gula
- 1/4 sudu teh serbuk penaik
- 1/4 sudu teh garam
- 1/2 cawan kacang cincang (walnut atau badam), pilihan

ARAHAN:
TAMPAL TARIKH:
a) Dalam periuk kecil, satukan kurma dan air.
b) Didihkan dengan api sederhana dan masak selama kira-kira 5-7 minit atau sehingga kurma lembut.
c) Keluarkan dari api dan biarkan ia sejuk sedikit.
d) Pindahkan kurma yang telah dilembutkan ke dalam pemproses makanan, tambah jus lemon, dan kisar sehingga anda mendapat pes yang licin. Mengetepikan.

BROWNIE BATTER:
e) Panaskan ketuhar anda hingga 350°F (175°C). Gris dan alaskan loyang dengan kertas parchment.
f) Dalam mangkuk adunan besar, pukul bersama mentega cair dan gula sehingga sebati.
g) Masukkan telur satu persatu, pukul sebati selepas setiap penambahan. Masukkan ekstrak vanila.
h) Dalam mangkuk yang berasingan, ayak tepung, serbuk koko, serbuk penaik, dan garam.
i) Masukkan bahan kering sedikit demi sedikit ke dalam bahan basah, gaul sehingga sebati.
j) Masukkan pes kurma dan kacang cincang (jika guna) ke dalam adunan brownies sehingga sekata.
k) Tuangkan adunan ke dalam loyang yang telah disediakan dan ratakan.
l) Bakar dalam ketuhar yang telah dipanaskan selama 25-30 minit atau sehingga pencungkil gigi yang dimasukkan ke tengah keluar dengan sedikit serbuk lembap.
m) Biarkan brownies sejuk sepenuhnya dalam kuali sebelum dipotong menjadi empat segi.
n) Pilihan: Taburkan brownies yang telah disejukkan dengan serbuk koko atau gula tepung untuk hiasan.

89.Baklava

BAHAN-BAHAN:
- 1 paket adunan phyllo
- 1 cawan mentega tanpa garam, cair
- 2 cawan kacang campuran (walnut, pistachio), dicincang halus
- 1 cawan gula pasir
- 1 sudu teh kayu manis tanah
- 1 cawan madu
- 1/4 cawan air
- 1 sudu teh air mawar (pilihan)

ARAHAN:
a) Panaskan ketuhar hingga 350°F (175°C).
b) Dalam mangkuk, campurkan kacang cincang dengan gula dan kayu manis.
c) Letakkan sehelai doh phyllo dalam loyang yang telah digris, sapu dengan mentega cair, dan ulangi kira-kira 10 lapisan.
d) Taburkan lapisan campuran kacang ke atas phyllo.
e) Teruskan melapisi phyllo dan kacang sehingga anda kehabisan bahan, diakhiri dengan lapisan atas phyllo.
f) Menggunakan pisau tajam, potong baklava menjadi bentuk berlian atau segi empat sama.
g) Bakar selama 45-50 minit atau sehingga perang keemasan.
h) Semasa baklava dibakar, panaskan madu, air, dan air mawar (jika menggunakan) dalam periuk dengan api perlahan.
i) Setelah baklava siap, segera tuangkan campuran madu panas ke atasnya.
j) Biarkan baklava sejuk sebelum dihidangkan.

90. Halawet el Jibn (Gulungan Keju Manis Syria)

BAHAN-BAHAN:
- 1 cawan keju ricotta
- 1 cawan semolina
- 1/2 cawan gula
- 1/4 cawan mentega tanpa garam
- 1 cawan susu
- 1 sudu besar air bunga oren
- Badam rebus untuk hiasan
- Doh phyllo dicincang untuk digulung

ARAHAN:
a) Dalam periuk, satukan keju ricotta, semolina, gula, mentega dan susu.
b) Masak dengan api sederhana, kacau sentiasa sehingga adunan pekat.
c) Angkat dari api dan kacau dalam air bunga oren.
d) Biarkan adunan sejuk.
e) Ambil bahagian kecil adunan dan balut dalam doh phyllo yang dicincang, membentuk gulungan kecil.
f) Hiaskan dengan badam yang telah dicelur.
g) Hidangkan gulung keju manis ini sebagai pencuci mulut yang menarik atau bersama-sama hidangan sarapan anda.

91.Basbousa (Kek Semolina)

BAHAN-BAHAN:
- 1 cawan semolina
- 1 cawan gula pasir
- 1 cawan yogurt biasa
- 1/2 cawan mentega tanpa garam, cair
- 1 sudu teh serbuk penaik
- 1/4 cawan kelapa kering (pilihan)
- 1/4 cawan badam rebus atau kacang pain untuk hiasan

SIRAP:
- 1 cawan gula pasir
- 1/2 cawan air
- 1 sudu besar air mawar
- 1 sudu besar air bunga oren

ARAHAN:
a) Panaskan ketuhar hingga 350°F (175°C).
b) Dalam mangkuk, campurkan semolina, gula, yogurt, mentega cair, serbuk penaik, dan kelapa kering sehingga sebati.
c) Tuangkan adunan ke dalam loyang yang telah digris.
d) Ratakan permukaan dengan spatula dan potong bentuk berlian.
e) Letakkan badam atau kacang pain di tengah setiap berlian.
f) Bakar selama 30-35 minit atau sehingga perang keemasan.
g) Semasa kek dibakar, sediakan sirap dengan mendidihkan gula dan air sehingga gula larut.
h) Angkat dari api dan masukkan air mawar dan air bunga oren.
i) Setelah kek siap, tuangkan sirap ke atasnya semasa ia masih suam.
j) Benarkan basbousa menyerap sirap sebelum dihidangkan.

92. Znoud El Sit (Pastri Isi Krim Syria)

BAHAN-BAHAN:
- 10 helai adunan phyllo
- 1 cawan krim berat
- 1/4 cawan gula pasir
- 1 sudu teh air mawar
- Minyak sayuran untuk menggoreng
- Sirap ringkas (1 cawan gula, 1/2 cawan air, 1 sudu teh jus lemon, direbus sehingga sirap)

ARAHAN:
a) Dalam mangkuk, pukul krim kental dengan gula dan air mawar sehingga puncak kaku terbentuk.
b) Potong helaian phyllo menjadi segi empat tepat (kira-kira 4x8 inci).
c) Letakkan satu sudu krim putar pada satu hujung setiap segi empat tepat.
d) Lipat bahagian tepi ke atas krim dan gulung seperti cerut.
e) Panaskan minyak sayuran dalam kuali yang dalam dan goreng pastri sehingga perang keemasan.
f) Celupkan pastri goreng dalam sirap ringkas yang disediakan.
g) Biarkan znoud el duduk sejuk sebelum dihidangkan.

93. Mafroukeh (Pencuci mulut Semolina dan Almond)

BAHAN-BAHAN:
- 2 cawan semolina
- 1 cawan mentega tanpa garam
- 1 cawan gula pasir
- 1 cawan susu penuh
- 1 cawan badam yang dicelur, dibakar dan dicincang
- Sirap ringkas (1 cawan gula, 1/2 cawan air, 1 sudu teh air bunga oren, direbus sehingga sirap)

ARAHAN:
a) Dalam kuali, cairkan mentega dan masukkan semolina. Kacau berterusan sehingga perang keemasan.
b) Masukkan gula dan teruskan kacau sehingga sebati.
c) Masukkan susu perlahan-lahan sambil dikacau untuk mengelakkan berketul. Masak sehingga adunan pekat.
d) Keluarkan dari api dan kacau dalam badam panggang dan cincang.
e) Tekan adunan ke dalam hidangan hidangan dan biarkan ia sejuk.
f) Potong bentuk berlian dan tuangkan sirap ringkas yang telah disediakan ke atas mafroukeh.
g) Biarkan ia menyerap sirap sebelum dihidangkan.

94.Lada Merah dan Galette Telur Bakar

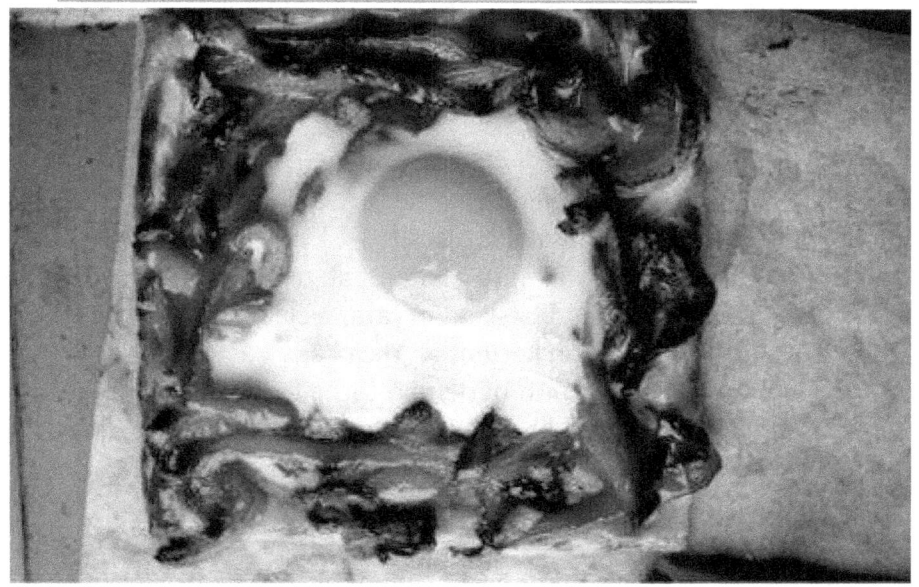

BAHAN-BAHAN:
- 4 lada merah sederhana, dibelah dua, dibiji, dan dipotong menjadi jalur ⅜ inci / 1 cm lebar
- 3 biji bawang kecil, dibelah dua dan dipotong menjadi kepingan ¾ inci / 2 cm lebar
- 4 tangkai thyme, daun dipetik dan dicincang
- 1½ sudu kecil ketumbar kisar
- 1½ sudu kecil jintan halus
- 6 sudu besar minyak zaitun, ditambah tambahan untuk dihabiskan
- 1½ sudu besar daun pasli daun rata, dicincang kasar
- 1½ sudu besar daun ketumbar, dicincang kasar
- 9 oz / 250 g pastri puff berkualiti terbaik dengan mentega
- 2 sudu besar / 30 g krim masam
- 4 telur jarak bebas yang besar (atau 5½ oz / 160 g keju feta, hancur), ditambah 1 telur, dipukul ringan
- garam dan lada hitam yang baru dikisar

ARAHAN:

a) Panaskan ketuhar hingga 400°F / 210°C. Dalam mangkuk besar, campurkan bersama lada, bawang, daun thyme, rempah kisar, minyak zaitun, dan secubit garam yang baik. Sapukan dalam kuali pembakar dan panggang selama 35 minit, kacau beberapa kali semasa memasak. Sayur-sayuran hendaklah lembut dan manis tetapi tidak terlalu garing atau perang, kerana ia akan masak lebih jauh. Keluarkan dari ketuhar dan kacau separuh daripada herba segar. Rasa untuk perasa dan ketepikan. Hidupkan ketuhar sehingga 425°F / 220°C.

b) Pada permukaan yang ditaburkan sedikit tepung, canai puff pastry ke dalam segi empat sama berukuran 12 inci / 30cm kira-kira ⅛ inci / 3 mm tebal dan potong empat segi empat sama 6 inci / 15cm. Cucuk petak di seluruh dengan garpu dan letakkannya, pada jarak yang baik, pada lembaran pembakar yang dialas dengan kertas kulit. Biarkan berehat di dalam peti sejuk selama sekurang-kurangnya 30 minit.

c) Keluarkan pastri dari peti sejuk dan sapu bahagian atas dan tepi dengan telur yang telah dipukul. Menggunakan spatula offset atau bahagian belakang sudu, sapukan 1½ sudu teh krim masam ke atas setiap petak, tinggalkan sempadan ¼ inci / 0.5cm di sekeliling tepi. Susun 3 sudu besar campuran lada di atas petak yang dilapisi krim masam, biarkan sempadannya jelas untuk mengembang. Ia harus disebarkan secara merata, tetapi biarkan perigi cetek di tengah untuk memegang telur kemudian.

d) Bakar galettes selama 14 minit. Keluarkan loyang dari ketuhar dan pecahkan sebiji telur dengan teliti ke dalam perigi di tengah setiap pastri. Kembali ke ketuhar dan masak selama 7 minit lagi, sehingga telur ditetapkan. Taburkan dengan lada hitam dan baki herba dan gerimis dengan minyak. Hidangkan sekali gus.

95.Pai Herba

BAHAN-BAHAN:
- 2 sudu besar minyak zaitun, ditambah tambahan untuk memberus pastri
- 1 biji bawang besar, potong dadu
- 1 lb / 500 g Swiss chard, batang dan daun dicincang halus tetapi diasingkan
- 5 oz / 150 g saderi, dihiris nipis
- 1¾ oz / 50 g bawang hijau, dicincang
- 1¾ oz / 50 g arugula
- 1 oz / 30 g pasli daun rata, dicincang
- 1 oz / 30 g pudina, dicincang
- ¾ oz / 20 g dill, dicincang
- 4 oz / 120 g keju anari atau ricotta, hancur
- 3½ oz / 100 g keju Cheddar berumur, parut
- 2 oz / 60 g keju feta, hancur
- kulit parut 1 lemon
- 2 biji telur jarak bebas yang besar
- ⅓ sudu kecil garam
- ½ sudu kecil lada hitam yang baru dikisar
- ½ sudu kecil gula halus
- 9 oz / 250 g pastri filo

ARAHAN:

a) Panaskan ketuhar hingga 400°F / 200°C. Tuangkan minyak zaitun ke dalam kuali besar dan dalam dengan api sederhana. Masukkan bawang dan tumis selama 8 minit tanpa keperangan. Masukkan batang chard dan saderi dan teruskan masak selama 4 minit, kacau sekali-sekala. Masukkan daun chard, besarkan api ke sederhana tinggi, dan kacau semasa anda memasak selama 4 minit, sehingga daun layu. Masukkan bawang hijau, arugula, dan herba dan masak selama 2 minit lagi. Keluarkan dari haba dan pindahkan ke colander untuk menyejukkan.

b) Setelah adunan sejuk, perahkan air sebanyak yang anda boleh dan pindahkan ke dalam mangkuk adunan. Masukkan tiga keju, kulit limau, telur, garam, lada sulah, dan gula dan gaul rata.

c) Letakkan sehelai pastri filo dan sapu dengan sedikit minyak zaitun. Tutup dengan helaian lain dan teruskan dengan cara yang sama sehingga anda mempunyai 5 lapisan filo yang disapu dengan minyak, semuanya meliputi kawasan yang cukup besar untuk melapik sisi dan bawah hidangan pai 8½ inci / 22cm, ditambah tambahan untuk digantung di atas rim. Lapik hidangan pai dengan pastri, isi dengan campuran herba, dan lipat lebihan pastri di atas tepi inti, potong pastri mengikut keperluan untuk membuat sempadan ¾ inci / 2cm.

d) Buat satu set lagi 5 lapisan filo yang disapu dengan minyak dan letakkan di atas pai. Gosokkan pastri sedikit untuk menghasilkan bahagian atas yang beralun dan tidak rata dan potong tepi supaya ia hanya menutupi pai. Berus dengan minyak zaitun dan bakar selama 40 minit, sehingga filo bertukar menjadi perang keemasan yang bagus. Keluarkan dari ketuhar dan hidangkan hangat atau pada suhu bilik.

96.Burekas

BAHAN-BAHAN:
- 1 lb / 500 g pastri puff berkualiti terbaik semua mentega
- 1 biji telur jarak bebas besar, dipukul

PENGISIAN RICOTTA
- ¼ cawan / 60 g keju kotej
- ¼ cawan / 60 g keju ricotta
- ⅔ cawan / 90 keju feta hancur
- 2 sudu kecil / 10 g mentega tanpa garam, cair

PENGISIAN PECORINO
- 3½ sudu besar / 50 g keju ricotta
- ⅔ cawan / 70 g parut keju pecorino berumur
- ⅓ cawan / 50 g parut keju Cheddar tua
- 1 daun bawang, potong 2 inci / 5cm, dicelur sehingga lembut, dan dicincang halus (¾ cawan / 80 g kesemuanya)
- 1 sudu besar pasli daun rata yang dicincang
- ½ sudu kecil lada hitam yang baru dikisar

BIJI BENIH
- 1 sudu kecil biji nigella
- 1 sudu kecil bijan
- 1 sudu kecil biji sawi kuning
- 1 sudu kecil biji jintan
- ½ sudu kecil kepingan cili

ARAHAN:
a) Canai pastri ke dalam dua petak 12 inci / 30cm setiap satu ⅛ inci / 3 mm tebal. Letakkan helaian pastri pada lembaran pembakar yang dialas kertas—ia boleh diletakkan di atas satu sama lain, dengan sehelai kertas di antara—dan biarkan di dalam peti sejuk selama 1 jam.
b) Letakkan setiap set bahan inti dalam mangkuk yang berasingan. Gaul dan ketepikan. Campurkan semua biji dalam mangkuk dan ketepikan.
c) Potong setiap helaian pastri kepada segi empat sama 4 inci / 10cm; anda sepatutnya mendapat jumlah petak 18. Bahagikan inti pertama sama rata di antara separuh petak, sendukkannya ke tengah setiap petak. Sapu dua tepi bersebelahan setiap segi empat sama dengan telur dan kemudian lipat segi empat sama untuk membentuk segi tiga. Tolak keluar mana-mana udara dan cubit bahagian tepi bersama-sama dengan kuat. Anda ingin menekan tepi dengan baik supaya ia tidak terbuka semasa memasak. Ulang dengan baki petak pastri dan pengisian kedua. Letakkan pada lembaran pembakar yang dialas kertas dan sejukkan di dalam peti sejuk selama sekurang-kurangnya 15 minit untuk mengeras. Panaskan ketuhar kepada 425°F / 220°C.
d) Sapu dua tepi pendek setiap pastri dengan telur dan celupkan tepi ini ke dalam campuran benih; sejumlah kecil benih, hanya ⅙ inci / 2 mm lebar, adalah semua yang diperlukan, kerana ia agak dominan. Sapu bahagian atas setiap pastri dengan beberapa telur juga, elakkan bijinya.
e) Pastikan pastri dijarakkan kira-kira 1¼ inci / 3 cm antara satu sama lain. Bakar selama 15 hingga 17 minit, sehingga seluruhnya berwarna perang keemasan. Hidangkan hangat atau pada suhu bilik. Jika beberapa inti tumpah daripada pastri semasa membakar, masukkan perlahan-lahan kembali apabila ia cukup sejuk untuk dikendalikan.

97.Ghraybeh

BAHAN-BAHAN:
- ¾ cawan ditambah 2 sudu besar / 200 g minyak sapi atau mentega yang telah dijelaskan, dari peti sejuk supaya ia padat
- ⅔ cawan / 70 g gula gula
- 3 cawan / 370 g tepung serba guna, diayak
- ½ sudu kecil garam
- 4 sudu kecil air bunga oren
- 2½ sudu teh air mawar
- kira-kira 5 sudu besar / 30 g pistachio tanpa garam

ARAHAN:
a) Dalam pengadun berdiri yang dipasang dengan lampiran cambuk, krim bersama minyak sapi dan gula gula selama 5 minit, sehingga kembang, berkrim dan pucat. Gantikan cambuk dengan lampiran pemukul, tambah tepung, garam, dan bunga oren dan air mawar, dan gaul selama 3 hingga 4 minit, sehingga doh yang seragam dan licin.
b) Balut doh dalam bungkus plastik dan sejukkan selama 1 jam.
c) Panaskan ketuhar kepada 350°F / 180°C. Cubit sekeping doh, seberat kira-kira ½ oz / 15 g, dan canai menjadi bebola di antara tapak tangan anda. Ratakan sedikit dan letakkan di atas loyang yang telah dialas dengan parchment paper. Ulangi dengan baki doh, susun biskut pada helaian bergaris dan jarakkannya dengan baik. Tekan 1 pistachio ke tengah setiap kuki.
d) Bakar selama 17 minit, pastikan biskut tidak mempunyai sebarang warna tetapi masak sahaja. Keluarkan dari ketuhar dan biarkan sejuk sepenuhnya.
e) Simpan kuki dalam bekas kedap udara sehingga 5 hari.

98.Mutabbaq

BAHAN-BAHAN:
- ⅔ cawan / 130 g mentega tanpa garam, cair
- 14 helai pastri filo, 12 kali 15½ inci / 31 kali 39 cm
- 2 cawan / 500 g keju ricotta
- 9 oz / 250 g keju susu kambing lembut
- pistachio tanpa garam dihancurkan, untuk hiasan (pilihan)
- SIRAP
- 6 sudu besar / 90 ml air
- bulat 1⅓ cawan / 280 g gula halus
- 3 sudu besar jus lemon yang baru diperah

ARAHAN:

a) Panaskan ketuhar hingga 450°F / 230°C. Sapu lembaran pembakar berbingkai cetek kira-kira 11 x 14½ inci / 28 x 37 cm dengan sedikit mentega cair. Sebarkan helaian filo di atas, selitkannya ke sudut dan biarkan tepinya tergantung. Sapu seluruhnya dengan mentega, tutup dengan helaian lain, dan sapu dengan mentega sekali lagi. Ulangi proses sehingga anda mempunyai 7 helaian disusun sama rata, setiap satu disapu dengan mentega.

b) Letakkan ricotta dan keju susu kambing dalam mangkuk dan tumbuk bersama dengan garpu, gaul rata. Ratakan di atas helaian filo atas, biarkan ¾ inci / 2 cm jelas di sekeliling tepi. Sapu permukaan keju dengan mentega dan atas dengan baki 7 helai filo, sapu setiap satu dengan mentega.

c) Gunakan gunting untuk memangkas kira-kira ¾ inci / 2 cm dari tepi tetapi tanpa mencapai keju, supaya ia kekal tertutup rapat di dalam pastri. Gunakan jari anda untuk menyelitkan tepi filo perlahan-lahan di bawah pastri untuk mendapatkan kelebihan yang kemas. Berus dengan lebih banyak mentega di seluruh. Gunakan pisau tajam untuk memotong permukaan menjadi kira-kira 2¾ inci / 7cm segi empat sama, membolehkan pisau hampir mencapai bahagian bawah tetapi tidak cukup. Bakar selama 25 hingga 27 minit, sehingga keemasan dan garing.

d) Semasa pastri dibakar, sediakan sirap. Masukkan air dan gula ke dalam periuk kecil dan gaul rata dengan senduk kayu. Letakkan di atas api sederhana, biarkan mendidih, tambah jus lemon, dan reneh perlahan-lahan selama 2 minit. Keluarkan dari api.

e) Perlahan-lahan tuangkan sirap ke atas pastri sebaik sahaja anda mengeluarkannya dari ketuhar, pastikan ia meresap dengan sekata. Biarkan sejuk selama 10 minit. Taburkan dengan pistachio yang dihancurkan, jika digunakan, dan potong mengikut bahagian.

99.Sherbat

BAHAN-BAHAN:
- 1 liter Susu
- 1 cawan Gula
- 1/2 cawan Krim
- Sedikit titis Esen Vanila
- 1 sudu teh Badam Hiris
- 1 sudu teh Pistachio Hiris
- 1 sudu besar Vanila Custard
- 1 secubit Safron

ARAHAN:
a) Dalam periuk, rebus susu.
b) Masukkan gula, krim, esen vanila, kastard vanila, kunyit, hirisan badam, dan hirisan pistachio ke dalam susu mendidih.
c) Masak adunan dengan api perlahan sehingga susu pekat. Kacau secara berterusan untuk mengelakkan melekat pada bahagian bawah.
d) Keluarkan periuk dari api dan biarkan sherbat sejuk ke suhu bilik.
e) Setelah sejuk, masukkan adunan ke dalam peti sejuk untuk menyejukkan dengan sempurna.
f) Sherbat kini sedia untuk dihidangkan.
g) sherbat sejuk ke dalam gelas dan hiaskan dengan hirisan badam dan pistachio tambahan jika dikehendaki.

100.Puding Qamar al-Din

BAHAN-BAHAN:
- 1 cawan pes aprikot kering (Qamar al-Din)
- 4 cawan air
- 1/2 cawan gula (sesuai selera)
- 1/4 cawan tepung jagung
- 1 sudu teh air bunga oren (pilihan)
- Kacang cincang untuk hiasan

ARAHAN:
a) Dalam periuk, larutkan pes aprikot dalam air dengan api sederhana.
b) Masukkan gula dan kacau sehingga larut.
c) Dalam mangkuk yang berasingan, campurkan tepung jagung dengan sedikit air untuk menghasilkan pes yang licin.
d) Masukkan pes tepung jagung secara beransur-ansur ke dalam campuran aprikot, kacau berterusan sehingga ia pekat.
e) Keluarkan dari api dan kacau dalam air bunga oren jika digunakan.
f) Tuangkan adunan ke dalam hidangan hidangan dan biarkan ia sejuk.
g) Sejukkan sehingga set.
h) Hiaskan dengan kacang cincang sebelum dihidangkan.

KESIMPULAN

Sambil kami mengakhiri perjalanan kami yang penuh rasa melalui "Bethlehem: pandangan moden pada masakan palestin" kami berharap anda telah mengalami kegembiraan menerokai rasa kontemporari yang terpancar dari tengah-tengah Palestin. Setiap resipi dalam halaman ini adalah perayaan kesegaran, rempah ratus dan keramahan yang mentakrifkan hidangan Palestin—bukti permaidani yang kaya dengan perisa yang menjadikan masakan itu digemari.

Sama ada anda telah menikmati keselesaan maqluba, menikmati kepelbagaian mezze, atau menikmati kemanisan pencuci mulut inventif, kami percaya bahawa resipi ini telah menyemarakkan minat anda terhadap masakan Palestin. Di luar ramuan dan teknik, semoga konsep masakan moden Palestin menjadi sumber sambungan, perayaan dan penghargaan untuk tradisi masakan yang menyatukan orang ramai.

Sambil anda terus menerokai dunia masakan Palestin, semoga "Bethlehem" menjadi teman anda yang dipercayai, membimbing anda melalui pelbagai hidangan yang menangkap intipati Palestin. Inilah untuk menikmati rasa yang berani dan bernuansa, berkongsi hidangan dengan orang tersayang, dan menerima kemesraan dan keramahan yang mentakrifkan masakan Palestin. Sahtein!

www.ingramcontent.com/pod-product-compliance
Lightning Source LLC
Chambersburg PA
CBHW071321110526
44591CB00010B/975